선술집의
모든역사

선술집의
모든역사

지금까지 이야기되지 않았던
선술집에 얽힌 세계사

초판1쇄 인쇄 2013년 7월 5일
초판1쇄 발행 2013년 7월 10일

지은이 시모다 준
옮긴이 김지형
펴낸이 김지훈
편 집 나성우
마케팅 최미정
관 리 류현숙
펴낸곳 도서출판 어젠다

출판등록 2012년 2월 9일 (제406-2012-000007호)
주 소 경기도 파주시 광인사길 217
전 화 (031)955-5897 | 팩스 (031)945-8460
이메일 agendabooks@naver.com

ⓒ 시모다 준, 2013
ISBN 978-89-97712-07-6 03900
이 도서의 국립중앙도서관 출판시도서목록(CIP)은 e-CIP홈페이지(http://www.nl.go.kr/ecip)와
국가자료공동목록시스템(http://www.nl.go.kr/kolisnet)에서 이용하실 수 있습니다.(CIP제어번호: CIP2013009988)

선술집의 모든역사

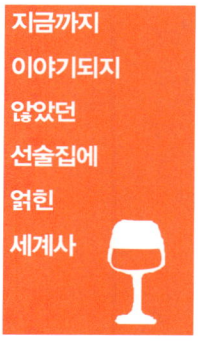

지금까지
이야기되지
않았던
선술집에
얽힌
세계사

시모다 준 지음
김지형 옮김

어젠다

여는 글

일러두기
1. 이 책의 **주**는 원전의 본문에 있는 주석과 참고 문헌들로, 국내 독자들의 가독성을 고려하여 책 말미에 따로 옮긴 것이다.
2. 주석을 제외한 **주와 참고 문헌**은 원전에서의 출처가 분명하지 않아 독자들에게 최소한의 정확한 정보가 될 수 있도록 원전의 일본어로 표기하였음을 밝힌다.

선술집에서
역사를 읽다

일전에《독일의 민중 문화-축제·순례·선술집》[1]을 집필하면서 선술집의 역사에 흥미를 갖게 되었다. 독일의 축제, 관혼상제, 순례 등의 민중 문화에서 선술집을 빼놓을 수 없었기 때문이다. 독일 선술집의 역사를 접하는 과정에서 세계 선술집의 역사도 조사하고, 나아가 선술집의 비교문화론을 시도해보고 싶어졌다.

여러분은 선술집이 단순히 술을 마시는 것 이상의 의미가 있는지 생각해 본 적이 있는가? 16세기에 일어난 독일 농민전쟁과 18세기에 일어난 프랑스혁명이 모두 선술집에서 시작되었다면 놀랄 것이다. 당시의 농민과 혁명가들은 선술집에 모여 계획을 짜고, 민중에게 동참을 호소하였다. 또한 선술집이 사창가였다는 것은 바로 상상이 되지만, 은행과 재판소이기도 했다면 어떤 반응이 나올까? 제2장 그리고 외과 의사가 수술을 하는 병원이 되기도 했다는 이야기는 믿어지지 않을 것이다. 제9장 또한 히틀러가 선술집에서 연설을 하면서 나치스가 시작된 사실도 흥밋거리이다. 제3장 선술집의 '창'으로 엿본다면 유럽 역사의 살아 있는 현장과 그 특징이 보일 것이다.

그것이 유럽사에만 국한된 것은 아닐지도 모른다. 그래서 비유럽 문명권의 선술집도 포함해야 했다. 이슬람권, 중국, 한국, 그리고 일본의 선술집을 살펴보았다. 이슬람권에서는 술을 잘 안 마실 것이라고 생각하기 쉬운데, 나 자신도 막연하게 그렇게 생각했었다. 그러나 이슬람 문화권에도 물론 지역과 시대에 따라 차이가 있지만, 풍요로운 선술집 문화가 있었다는 것을 이번 연구로 알게 되었다. 결국 나는 이 책으로 세계 선술집의 역사를 살펴보면서 12세기 이후에 확립된 유럽 문명의 특징을 끌어내고자 했다.

금전을 담보로 주류를 제공하는 영업 공간

이 책에 들어가기 전에 '선술집'을 정의하고 넘어가려 한다. 《코우지엔広辞苑》[2]은 이자카야居酒屋, 즉 선술집을 '가게 앞에서 술을 마시는 술집, 또는 술을 싸게 마시는 곳'으로 설명한다. 가게 앞에서 술을 마신다는 것은 양조장이 선술집으로 발전했음을 암시한다. 그리고 싸다는 것은 대중이 이용하는 장소임을 뜻한다. 쇼가쿠칸小学館의 《일본국어대사전日本国語大辞典》에도 '가게 앞에서 편하게 술을 마실 수 있는 술집'으로 기재되어 있다. 일반적인 의미로는 대중적인 선술집이라고 할 수 있다.

일본사 연구자들은 18세기 사료에 '선술집'이라는 말이 빈번하게 등장한다고 이야기한다. 《일본국어대사전》에 등재된 어휘 풀이는 1751년 이후의 실상이 담겨 있는 셈이다. 그러나 나는 선술집을 좀 더 엄밀하게 정의하고 싶다. 즉 선술집을 '금전곡물, 조개껍데기, 금속 등 현물화폐도 포함을 담보로 주류를 제공하는 영업 공간'으로 정의해두려고 한다. 이렇게 되면 카페는 본래 커피를 제공하는 곳이었지만, 카페에서 주류도 취급한다면 선술집의 범주에 들어가게 된다. 실제로 카페는 대중 선술집이기도 했다. 즉 금전과 바꾸어 술을 마시는 곳이 선술집이다. 따라서 화폐경제의 성립이 선술집의 전제 조건이라는 것을 밝혀둔다.

본서의 세 가지 키워드

본서에서는 '화폐경제의 농촌 침투', '선술집의 복합 기능', '기능 분리'라는 세 가지 키워드가 빈번하게 등장한다.

선술집은 보통 도시에서 번영했지만, 농촌에도 등장했다. 농촌에 선술집이 존재했다는 것은 농촌으로 화폐경제가 침투했다는 증거이다. 전근대사회에서 일어난 화폐경제의 침투는 세 단계로 분류할 수 있다. 먼저 도시 안쪽과 도시 사이에만 화폐경제가 돌아가고 농촌은 자급자족과 물물교환뿐인 단계이다. 다음은 농민이 도시로 나갈 때만 화폐를 쓰거나 세금을 화폐로 내는 단계이다. 이때 농민은 어딘가에서 현물을 화폐로 바꿔야 했다. 그러나 농민끼리의 거래는 화폐가 아닌 물물교환으로 이뤄진 단계이다. 마지막으로 농촌까지 화폐경제가 충분히 침투한 단계이다. 이때는 농민끼리도 화폐로 거래하게 된다.

내가 말하는 '화폐경제의 농촌 침투'는 이 마지막 단계를 가리키고 있는데, 어떤 문명권에서 이러한 현상이 일어났는지 잘 살펴야 한다. '12세기 이후에 확립된 유럽 문명'이라고 한 것은 차차 설명하겠지만, 고대 그리스와 로마

혹은 비잔틴제국에는 농촌에 선술집의 흔적이 거의 없었기 때문이다.

또한 선술집은 은행과 재판소 혹은 공동체의 집회소, 결혼 피로연 장소 등의 기능을 담당하기도 했는데, 이는 단순히 술을 마시는 장소가 아니었다. 따라서 선술집이 수행했던 여러 가지 역할을 '복합 기능'이라 정의했다. 선술집에서 벌어진 도박, 연예, 매춘 등도 이에 해당한다. 물론 이런 복합 기능도 지역별로 차이가 있었다.

마지막으로 '기능 분리'는 이러한 '복합 기능'이 선술집에서 떨어져 나간다는 의미이다. 예를 들어 선술집에서 담당했던 대부업은 은행으로 전문화하여 분리됐다. 이러한 기능 분리는 유럽 근현대 사회의 대표적인 현상이었다.

본서는 열 개의 장으로 구성되었다. 앞부분은 통사론으로 1장에서 6장까지 고대선술집의 탄생기, 유럽 중근세선술집의 전성기, 유럽 근현대선술집의 쇠퇴기, 그리고 비유럽 문명권의 선술집을 개관했다. 자료의 사정으로 통사라고 해도 모든 국가와 지역을 균등하게 서술하진 못했으나 각 국가와 지역의 특징을 끄집어내고자 노력했다. 뒷부분은 주제별로 7장에서 10장까지 선술집과 관계가 깊었던 '교회', '매춘’, ‘예인’, ‘범죄와 음모’를 다루어 선술집이 복합 기능에서 기능 분리로 나아가는 과정을 살펴보았다.

이렇게 세계의 선술집을 폭넓게 다룬 개설서유감스럽게도 라틴아메리카와 오세아니아 등 소개가 되지 못한 지역도 있다는 일본뿐만 아니라 서구에도 없으리라 생각한다. 이런 의미에서 이 책이 독자에게 조금이라도 도움이 된다면 기쁠 것이다.

마지막으로 고단샤講談社에 대대적인 폐를 끼쳤다. 끈기 있는 지원이 없었다면 본서는 나오기 어려웠을 것이다. 진심으로 감사드린다.

차례

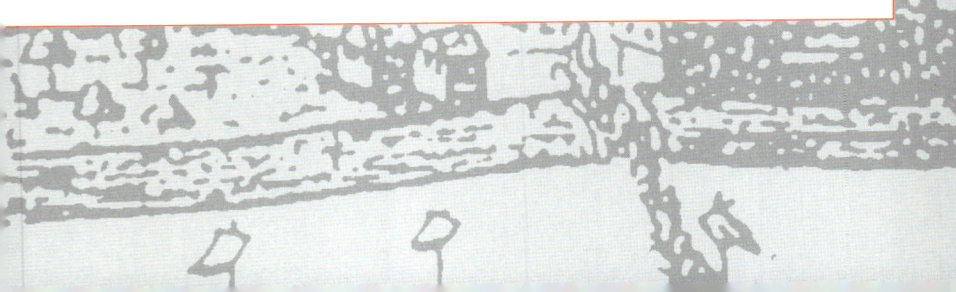

제1장

고대 오리엔트.
그리스 . 로마
선술집의 탄생기

선술집은 언제
처음 생겼을까

3900년 전 바빌로니아에 선술집이 존재했다는 증거가 있다. 현물 화폐가 등장했던 시기였다. 화폐경제는 기원전 7세기경에 본격적으로 성립하는데, 넉넉하게 잡아서 이때를 선술집이 본격적으로 보급된 시기로 볼 수 있다. 그러나 이 또한 도시와 주요 교역로에서 벌어진 일이지, 농촌은 화폐경제와 무관했기에 선술집이 거의 존재하지 않았다.

　고대인에게 무상 접대는 당연한 것이었다. 오히려 돈을 받고 음식을 제공하는 것을 천하게 여겼다. 이러한 생각은 화폐경제가 성립된 후에도 이어졌다. 그렇기에 상류층은 늘 선술집을 경멸했다. 그리고 보통 자택에서 무상으로 손님을 접대했다. 따라서 선술집의 이용자는 대개 하층민이었다. 선술집은 이들에게 숙소이자 문화시설이었고 매춘의 장소였지만, 유럽 중세의 선술집과 같은 복합 기능은 거의 없었다.

술은 언제부터
마셨을까

아마도 인류가 발생한 약 700만 년 전부터 술은 있지 않았을까? 과실이나 꿀, 물에 담근 곡물은 오래 두면 자연 발효되어 술로 변하기 마련인데, 이는 700만 년 전이라도 마찬가지였을 것이다. 인류가 본격적으로 술을 빚기 시작한 것은 약 1만 년 전으로 이라크와 시리아 부근의 메소포타미아 지방에서 보리가 재배되기 시작한 시기와 겹쳐진다. 보리를 수확한 메소포타미아 사람들은 우연이 아니라 의도적으로 술을 담글 수 있게 되었다. 수메르인의 점토판에는 기원전 4000년경 맥주 양조가 이루어졌다는 사실이 기록되어 있다. 그러나 보리농사의 역사를 보건대 그보다는 훨씬 더 오래전부터 맥주를 마셨을 것이다. 기원전 7000년에서 5000년 사이, 코카서스 산맥 남부에서 와인이 처음 등장했다는 이야기 역시 믿을 만하다. 와인과 맥주는 메소포타미아 문명기에 최초로 보급되었다.

함무라비 법전과
선술집

문헌 자료에 선술집이 등장한 것은 기원전 18세기경이다. 메소포타미아 문명기 바빌로니아 왕국기원전 2000~기원전 1500년경의 '함무라비 법전'에는 이런 규정이 들어 있다.

1. 선술집 여주인은 맥주 값을 은이 아닌 보리로 받을 것.
2. 선술집에서 모의할 때는 사전에 통보할 것.
3. 여자는 선술집에 가지 말 것.[1]

당시 바빌로니아에서는 여성이 집에서 맥주를 만들었고, 방문객이 돈을 내고 마셨다고 한다. 당시의 화폐는 광물과 곡물이었다. 아마도 은이 가계경제로 흘러 들어가는 것을 막고자 이런 규정을 만들었을 것이다. 두 번째 조항은 이미 고대 문명 시대부터 선술집이 집회 장소였다는 점을 방증한다. 그리고 마지막 조항은 선술집에서의 매춘을 암시한다.

고대 이집트의
국민 음료

기원전 3000년경 맥주의 양조법이 메소포타미아에서 이
집트로 전해졌다. 동지중해 연안으로 포도 재배가 퍼져 나
간 것도 이즈음이다. 그러나 지중해 연안에서만 포도를 기
를 수 있었기에 이집트는 수입 와인에 의존했다.

람세스 2세가 통치하던 기원전 1300년경, 이집트의 왕
도王都에는 선술집이 있었고 가게 안에 의자도 있었다. 여
기에서는 맥주, 와인, 대추야자의 증류주를 팔았다. 이들
은 와인을 단지에 재워 뚜껑을 덮어 가게 밖에 두었다. 맥
주는 금방 상하기 때문에 루피너스Lupinus, Lupin [2]를 넣어 보
존했다. 고대 이집트에서 맥주는 한마디로 국민 음료였다.[3]
음료라기보다 영양분을 얻는 음식에 가까웠다.

대추야자의 증류주를 팔았다는 사실로 미루어 당시
만 해도 이미 증류 기술을 보유했음을 알 수 있다. 기원전
4000년에서 3000년 사이에 사용하던 단순한 증류기가 메
소포타미아 북부에서 발견되기도 했다.[4]

그림 1 이집트 낙트의 무덤 벽화. 〈수확〉.
포도주를 담그는 모습이 묘사되어 있다.(위 그림)

화폐경제와 유흥 문화

선술집의 발전은 화폐경제의 발전과 같은 궤적을 그린다. 화폐 주조는 기원전 670년경 리디아 왕국Lydia, 현재의 터키에서 시작됐다. 주조라기보다는 타각打刻 동전이었다. 이 기술은 그리스와 오리엔트로 전해졌고,[5] 늦어도 기원전 7세기 전후에 이들 지역에선 도시를 중심으로 화폐경제가 굴러가기 시작했다. 그러나 농촌에 전파되었다는 자료는 없다. 그리스의 지리학자 스트라본Strabon, 기원전 64~기원후 21은 알렉산드리아 근교의 운하 도시 엘레우시스Eleusis와 카노푸스Canopus의 풍경을 기록으로 남겼다. 그곳 도시의 선술집에서는 남녀가 노래를 부르고 춤을 추며 소란을 피웠다.[6] 화폐경제가 발전하면서 선술집은 단순히 술을 마시는 장소가 아니라 유흥遊興의 장소가 되었다는 것을 알 수 있다.

고대인의 손님 접대

인류가 술을 빚기 시작한 시점부터 선술집이 탄생할 때까지는 상당한 시간이 필요했다. 화폐경제의 성립이 선술집 탄생의 조건이었기 때문이다. 물론 그전까지는 술을 무상으로 제공했었다. 고대의 켈트족, 게르만족, 그리고 슬라브족은 선술집을 가지고 있지 않았다. 술과 음식으로 손님을 대접하고 환대하였으나, 영업으로까지는 이어지지 않았다.

《게르마니아Germania》를 남긴 고대 로마의 역사가 타키투스Cornelius Tacitus, 55~120는 게르만족에게 손님 접대는 명예로운 행위라고 언급했다. "숙박 제공 거부는 신성 모독 행위이므로, 누구나 식탁을 차려 손님을 맞이한다."[7]

고대 오리엔트나 그리스, 로마에서도 돈을 받고 술을 내는 일은 명예롭지 못한 일이었다. 접대라는 뜻의 영어 'hospitality'는 라틴어 'hospitium'에서 유래했는데, 원래는 무상으로 손님을 접대하는 행위나 이를 위한 숙소를 의미했다. 어원적으로 hospice호스피스, hospital병원, hotel호텔이 다 같은 계통이다. 접대는 본래 무상 행위였다.

유대교와 그리스도교의 무상 접대

유대교와 그리스도교에선 돈 욕심내는 사람이 천국에 가기가 낙타가 바늘구멍에 들어가기보다 어렵다고 가르친다. 그러나 대가 없이 남을 돕는 사람에게는 천국이 가까이 있다. 이처럼 유대 전통에는 무상 접대의 정신이 강하게 뿌리 내리고 있었다.

초기 그리스도교는 여행자, 순례자, 빈민, 병자를 위한 무상 숙소를 조직했고, 유대교도는 시나고그Synagogue, 유대교 회당를 설립했다. 일종의 자선병원과 노숙자 쉼터가 결합한 형태였다. 그리스도교 신자에게 무상으로 숙식을 제공하고 돌봐주는 시설로 설립된 제노도키아xenodochia는 4세기 이후에 등장했다.[8] 여기서 우리는 자선 정신과 고대인 특유의 무상 접대 정신의 융합을 엿볼 수 있다.

그 뒤 서유럽에서는 무료 자선 시설이 사라졌지만, 9세기경에 호스피스라는 이름으로 부활한다. 독일어로는 슈피탈Spital이라고 한다.[9] 이들 시설에서는 술을 영양식과 약으로 다루었고, 무상으로 제공했다.

빵과 와인

유대교와 그리스도교에서 술이 어떤 대접을 받았을까. 물론 유대인에게 술이란 와인을 말한다. 맥주 양조는 아마도 출애굽 시대인 기원전 1250년경 이집트에서 건너왔을 것이다. 그러나 지중해에 면한 유대인의 땅은 포도 재배에 적합했다. 따라서 와인이 주가 되었다. 현재까지 알려진 가장 오래된 판본은 기원전 8세기경의 것이고, 서기 1세기에 정본이 확립된 것으로 알려진 《구약성서》를 살펴보면 모두 141곳에 와인이 언급된다.[10] 성서를 넘기다 보면 와인이 등장하는 구절을 쉽게 찾을 수 있다. 그러나 맥주는 전혀 등장하지 않는다.

성서에는 음주를 금지하라는 규정이 나와 있지 않다. 오히려 여러 곳에서 와인을 칭송한다. 와인은 신이 주신 선물이었다.

> 하나님은 하늘의 이슬과 땅의 기름짐이며 풍성한 곡식과 포도주로 네게 주시기를 원하노라.
>
> — 창세기 27장 28절

포도나무가 그들에게 이르되 하나님과 사람을 기쁘
게 하는 나의 새 술을 내가 어찌 버리고 가서…

— 사사기 9장 13절

사람의 마음을 기쁘게 하는 포도주와 …

— 시편 104장 15절

… 그들이 마시며 요셉과 함께 즐거워하였더라.

— 창세기 43장 34절

위의 마지막 구절은 즐거워하였다고까지 쓰고 있다. 이
처럼 포도주는 유대교의 모든 축제에 빠지지 않고 등장했
다. 그러나 "술을 즐겨 하는 자와 고기를 탐하는 자로 더
불어 사귀지 말라"잠언 23장 20절라는 구절처럼 성서에는 음
주를 경계하는 대목도 있다. 또한 이사야서 5장 11~12절
에 등장하는 다음의 구절은 우리에게 시사하는 바가 크다.
"아침에 일찍이 일어나 독주를 마시며 밤이 깊도록 포도
주에 취하는 자들은 화 있을진저 그들이 연회에는 수금과
비파와 소고와 피리와 포도주를 갖추었어도…."라는 묘사
에서 선술집의 풍경을 느끼기란 그리 어렵지 않다.

서기 50년경부터 140년경 사이에 경전화가 이루어진 《신약성서》에서 가장 중요한 장면 가운데 하나가 바로 '최후의 만찬'이다. 예수는 제자들에게 빵과 와인을 나눠주며 이것이 나의 몸과 피라고 말한다. 그 뒤로 그리스도교라면 가톨릭과 개신교를 불문하고 예배에서 만찬을 재현하는 의식은 가장 중요한 종교적 예식이 되었다. 지금까지도 와인은 그 예식의 중심에 있다. 원칙적으로 가톨릭과 개신교의 교의에는 금주 조항이 없었다. 과음만 주의한다면 음주 자체가 나쁘다는 식의 가르침은 없었다. 그래서 이후 서유럽에서는 금주 사회였던 이슬람권과 달리 선술집이 크게 발전할 수 있었다.

술고래의 도시,
비잔티움

시대를 거슬러 올라가 그리스의 선술집을 살펴보자.[11] 그리스 역사가 헤로도토스Herodotos: 기원전 485~425는 외상 술을 제공하는 술집을 암시하는 구절을 남겼다. 그리스 에게 해 건너편의 소아시아 리디아Lydia에서 페르시아 수도까지의 거리는 약 2,000킬로미터에 달하는데, 이는 일본을 위에서 아래로 종단하는 거리와 맞먹는다. 이 두 곳을 잇는 도로에는 모두 111곳의 선술집 겸 숙소가 있었다고 한다.[12] 페르시아제국은 기원전 6세기 중엽 오리엔트 전역을 통일하고 리디아를 포함한 소아시아까지 세력을 넓혀 그리스 본토를 공략했다. 이로써 그리스에는 기원전 6세기에 선술집이 등장했다고 봐야 한다.

당시 그리스의 도시에는 화폐경제가 성립되었다. 기원전 496년에 태어난 소포클레스Sophocles가 남긴 시를 살펴보면 그리스에는 기원전 5세기에 선술집이 분명 존재했다. 그의 시에는 숙소에 넓은 공간이 있고, 그곳에서 여러 사람과 먹고 마시고 잤던 장면이 등장한다. 그보다 50년 늦게 태어난 아리스토파네스Aristophanes도 자신의 희극에

유료 숙소를 등장시킨다. 이들 선술집은 사창가나 도적이 숨는 곳으로 당시에는 평판이 나빴다.[13]

아테네 선술집의 고객은 외국인, 상인, 순례자, 뱃사공, 폭력배, 방랑자, 육체 노동자 등 대부분이 하층민이었다. 그들은 그곳에서 밤새 춤추고 노래했다. 물론 도둑질과 매춘도 성행했다. 뱃사공과 육체 노동자의 대다수는 노예 출신으로 아테네까지 물자를 운반해 온 이들이었다. 이로써 당시에 상품 유통이 활발했음을 짐작할 수 있다. 그들에게는 비즈니스 호텔이 필요했고, 따라서 숙소를 겸한 선술집이 성행했다.

그리스의 식민 도시, 비잔티움중세의 콘스탄티노플, 현재의 이스탄불은 술에 절은 도시였다. 선술집의 손님은 와인을 원액으로 벌컥벌컥 들이켰다. 그들은 대부분 뱃사공이었다. 뱃사공이라고 해도 이른바 수상 운반 노동자였고, 원래는 노예였다. 육체 노동자에게서 술은 떼려야 뗄 수 없다. 비잔티움도 아테네처럼 항구도시였다. 아테네와 비잔티움의 교역은 활발했고, 술고래 노동자는 물자를 싣고 아테네로 가서 아테네를 선술집의 소굴로 만들었다.

그러나 반대로 그리스의 상류층은 선술집을 경멸했다. 서기 1세기의 로마의 문인 페트로니우스Petronius[14]는 자신의 저서《사티리콘Satyricon》에 이런 문장을 남겼다.

> 신들과 인간들로부터 최고의 현자라 인정받고 있는
> 저 소크라테스는 항상 이렇게 자만하고 있었다. 나
> 는 음식점을 드나든 적이 한 번도 없었고 ⋯ 나에겐
> 예지와 대화하는 것보다 소중한 것은 아무것도 없었
> 다.[15]

《사티리콘》은 소설류라서 소크라테스기원전 469~399가
정말로 선술집에 가지 않았는지는 알 수 없다. 당시 아테
네에서는 아레오파고스 의회Areopagos Council, 귀족 중심의 시
민 집회의 회원이 선술집에 가는 것을 금했다. 선술집에 가
지 않았던 상류층은 포도 농장에서 양조한 와인을 노예를
시켜 사오거나, 저택에서 열리는 연회에 손님을 초대해
무상으로 접대했다. 고대사회에서는 무상 접대가 당연했
고, 돈을 받고 음식을 파는 일이나 그런 사람은 경멸의 대
상이었다.

　아테네 사람들이 선술집을 어떻게 여겼는지 알고 싶다
면, 플라톤기원전 427~347이 남긴 다음과 같은 명쾌한 답을
참고하면 된다.

소매상, 무역상, 숙박업에 관련된 일족이 모두 비난받
고 추잡한 욕을 먹고 있는 것도 다 과도하게 이익을
남기려 하기 때문이다.[16]

그리스인의
주도酒道

와인은 물과 뜨거운 물에 희석해 마셔야 한다. 이는 그리스 상류층의 가장 중요한 주도 중의 하나이다. 원액으로 마시는 것은 북방의 야만족 스키타이인흑해 북부에 영역을 확장했던 유목민으로 슬라브인의 선조이나 하는 행동으로 경멸했다.[17] 헤로도토스는 스파르타에서 술을 많이 마시려면, 스키타이식Scythai으로 따라서 마시라고 했다.[18]

　이 주도는 로마인에게도 이어졌다. 왜 희석해 마셔야 했을까? 아마도 만취가 철학 담론에 방해된다고 봤기 때문일 것이다. 서기 46년에 태어나 120년까지 살다 간 철학자 플루타르코스Plutarchos는 "술자리에서 철학 이야기를 나눠도 될까?"라는 문장을 썼고 "만취는 악"이라고 서술했다. 그는 적당한 음주가 가장 좋고, 만취는 이성을 마비시켜 폭력적인 성향으로 만든다고 여겼다.[19]

　플라톤의 《향연Symposium》을 읽어보면 그리스인의 철학 담론에 술과 여흥이 빠지지 않았다는 것을 알 수 있다. 그러나 플라톤도 만취가 인체에 유해하다고 여겼다.[20] 다만 플루타르코스와 플라톤은 술고래를 그 정도로 적대시하진 않았다. 앞서 "술자리에서 철학 이야기를 나눠도 될까?"라는 타이틀처럼, 로마에선 그리스와 비교해 지나친 음주에 엄격했을 것 같지만, 이는 형식적인 명분에 지나지 않았을 것이다. 전근대의 유럽과 일본에서는 축제 때 술독에 빠지는 것이 용납되었다. 주도가 엄격해진 것은 근대의 금주운동 뒤에 등장한 현상이다.

선술집에 정해진 룰은 없었다. 앞의 비잔티움과 같이 선술집에서는 빨리 취하려고 원액을 마셨다. 맥주도 마셨지만 주로 와인을 선호했다. 와인 양조 기술은 유대 지방을 포함한 지중해 동부 일대와 더불어 그리스에서 발달했다. 기후적으로 메소포타미아와 이집트보다 포도 재배에 적합했기 때문이다. 즉 와인 양조 자체는 맥주 양조보다 간단할지도 모르지만, 포도 재배는 보리나 밀 재배보다 어려웠다.

간판의 기원

고대 로마의 선술집도 숙소에서 시작됐다. 로마인은 상업적 숙소이자 선술집 기능을 갖춘 곳을 '타베르나Taverna, 이탈리아어로 대중식당'라고 불렀다. 원래 타베르나는 '작은 목조 건물'이라는 뜻으로 일반적인 상점을 일컫는 말이었다. 타베르나에선 식사와 와인을 제공하고 숙박 서비스를 제공했다. 마구간을 갖춘 곳도 있었다. 타베르나는 이탈리아의 대도시와 큰 도로에 있었다. 고대 로마인은 숙소를 '카우포나Caupona'로 불렀고, 1층의 주점 및 식당을 '포피나Popina'로 구분해 부르기도 했다. 포피나의 입구에 L자형의 바를 설치하고 둥근 구멍을 뚫어 수납장으로 이용했다. 수납장에는 올리브, 밀가루, 그리고 와인이 들어 있었다. 포피나의 여점원은 매춘부이기도 했는데 손님이 요구하면 2층 침실로 올라가기도 했다.[21]

그리스는 이탈리아 반도에도 식민 도시를 건설했기에 이탈리아와 로마의 선술집도 그리스와 거의 같은 시기이거나 조금 늦게 생겼을 것이다. 그렇다고 해도 기원전 2세기까지는 로마인은 와인을 잘 마시지 않았다. 기원전 2세기에 그리스가 로마를 정복하면서 식생활이 그리스식으로 변한 것이다.[22] 아마도 그 이전에는 맥주를 마셨을 것이고, 그리스와 마찬가지로 로마에서도 원칙적으로는 남성만 술을 마셨다고 하지만, 여성도 꽤 마셨다고 한다.

　로마의 선술집에선 송악 나무판을 매달아 술집임을 알렸다고 한다.[23] 송악은 그리스에선 디오니소스Dionysos, 로마에선 바쿠스Bacchus로 부르는 술의 신을 상징하는 신성한 나무였다. 로마인은 그밖에도 곰과 독수리 같은 동물이나 올리브, 차륜, 칼 등의 다양한 모양으로 간판을 꾸몄다고 한다. 어쨌든 간판의 원조는 로마이다.

선술집에 드나들었던
황제

로마에서도 그리스와 마찬가지로 상류사회는 선술집을 경멸했다. 이는 다양한 문헌에서 확인할 수 있다. 그러나 상류층도 선술집에 갔다는 증거가 있다. 제4대 황제 클라우디우스 1세Claudius, 재위 41~54는 젊은 시절 선술집에 빈번하게 드나들었다고 고백했지만, 그만 그런 것은 아니었다. 제3대 칼리굴라Caligula, 재위 37~41, 제5대 네로Nero, 재위 54~68, 제8대 비텔리우스Vitellius, 재위 69, 제17대 루키우스 베르스Lucius Verus, 재위 161~169, 제18대 코모두스Commodus, 180~192 등도 선술집에 드나들었다.[24] 게다가 제2대 황제 티베리우스Tiberius, 재위 14~37는 술을 좋아해서 붙여진 별명이 그의 이름을 비꼰 '비베리우스술꾼'였다.[25] 서기 79년에 화산의 분화로 사라진 폼페이에는 120개의 선술집이 있었다고 한다. 당시 폼페이의 인구는 1만 명 정도였다. 폼페이에서도 술집과 사창가의 경계선이 애매했다. 선술집의 2층에선 접대부가 손님을 받았다. 폼페이의 선술집은 오후 네다섯 시에 열었다. 축제 때에는 심야 영업도 했다. 해가 질 때 향을 피워 몽롱한 분위기를 조성하기도 했다.[26] 폼페이

그림2 폼페이의 선술집 유적.

의 선술집은 당시 로마에서 가장 유행에 앞서 갔다.

결국 로마 선술집도 그리스에서처럼 숙소였고 유흥과 매춘, 도박을 제공했다. 특히 로마인은 주사위 도박을 즐겼던 듯하다. 한 번에 두서너 개를 모아 던져서 나온 합계

로 승부를 겨뤘다.[27] 황제도 즐겼던 것일까? 그들을 예외
로 한다고 해도 선술집은 여행자와 하층민에게는 필수적
인 시설이었다.

농촌에도 선술집이 있었을까

앞서 이야기했듯이, 선술집은 화폐경제의 지표였다. 고대 그리스와 로마의 농촌에 과연 선술집이 있었을까? 당시 이 지역의 농촌은 영주가 큰 토지를 소유하고 노예와 농부가 작물을 재배했다. 이런 환경에서라면 농촌공동체는 성립되지 않는다.

로마 시인 호라티우스Horatius, 기원전 65~8는 당시 도시에만 선술집이 있었다는 것을 알려준다. 그는 목가적인 전원시를 몇 수 지었던 농촌 시인이었다. 그중에서 그가 자신의 경작지를 돌보는 관리인에게 지어준 시가 있다. 아마도 그 관리인은 도시로 돌아가고 싶어했던 모양이다.

> … 그는 시골을 싫어한다. … 나는 농촌에 사는 사람이 행복하다고 생각하나 그는 도시가 좋다고 한다. … 유곽이나 기름진 음식이 나오는 작은 식당이 도시를 그리워하게 한다는 걸 나도 이해한다. … 농사짓는 곳에는 포도주를 내는 술집도 없고, 피리를 부는 여자도 없으며, 피리의 반주에 춤출 수도 없다.[28]

이 시를 보면 농촌에 선술집이 없었고, 따라서 유흥이
나 매춘도 없었다는 것을 알 수 있다. 물론 이 시만으로 절
대 그렇다고 장담할 수는 없다. 반대로 파이어보Firebaugh
의 저작 가운데 두 곳에 '농촌 선술집'이 등장하는데, 이곳
은 여행자를 대상으로 한 도로변의 선술집이었을 가능성
이 높다.

이상을 정리하자면, 화폐경제의 발전에 힘입어 고대 문
명의 발상지에서 선술집이 등장했다. 이는 도시 중심으로

이뤄진 현상이었기에 농촌에는 선술집이 없었다. 고대의 선술집은 언제나 여관도 겸했으며, 유흥과 오락거리, 도박, 매춘도 거기서 이루어졌다. 또한 상류계급은 선술집을 경멸했고, 선술집의 주 고객은 하층민이었다.

제2장

유럽의
중근세
선술집의 전성기

유럽에서는 12세기경부터 18세기경까지 선술집이 전성기를 맞이했다. 유럽은 12세기에 이르러 화폐경제 시대를 새롭게 시작했다. 이로써 이 시기 선술집도 새로운 국면을 맞이하게 된다.

당시 유럽에 등장한 선술집은 두 곳에서 출발했다. 하나는 교회와 수도원의 양조장이고, 다른 하나는 맥주를 빚던 가정집이었다. 선술집은 도시와 교통 요충지, 농촌에 들어섰다. 영국에서는 왕실이 선술집와 개설권을 장악하고 있었지만, 프랑스와 독일에서는 영주, 수도원, 교회, 도시의 관청 등이 선술집을 허가해줄 수 있었다. 결국 유럽에서 술의 매매는 관리와 통제의 대상이었던 셈이다.

16세기에 이르면 선술집은 폭발적으로 증가한다. 당시 화폐경제와 상품경제가 크게 발전하기도 했거니와 교회에서 술을 못 마시게 된 것도 크게 관계가 있었다. 교회에서 열리는 연회는 중세 유럽에서 좋은 평판을 유지하지 못했는데, 이는 종교개혁의 빌미 가운데 하나였다. 즉 종교개혁과 더불어 교회가 가졌던 세속적인 기능이 선술집으로 옮아간 것이다.

중세와 근세 사회의 선술집은 유럽 민중에게 꼭 필요한 존재였다. 커뮤니티 센터, 오락의 장소, 상거래 장소, 은행, 축제와 관혼상제의 연회장, 순례자의 숙소 등 다양한 기능을 수행했기 때문이다. 이는 선술집이 전성기였다는 결정적 증거이다. 원래 교회에서 이러한 다양한 기능을 소화했지만 이를 고스란히 선술집이 이어받게 된 것이다.

선술집의 역사에서 12세기가 지닌 의미는 바로 '농촌 진출'이다. 화폐경제가 농촌까지 보급되었고, 드디어 농촌에도 본격적으로 선술집이 들어서기 시작했다. 이들 농촌의 선술집은 도시와 교통 요충지에 자리한 선술집 이상으로 다양한 기능을 제공했다. 그러나 러시아의 농촌만은 예외였다. 러시아의 농촌에는 화폐경제의 보급이 지연되어 선술집의 성립도 늦어졌다. 러시아의 농촌에 선술집이 자리 잡은 것은 19세기에 이르러서였다.

중세와 근세의 유럽에서도 고대와 마찬가지로 지식인과 상류층은 선술집을 경멸했다. 이들은 선술집을 악행의 온상지라 불렀다. 상류층은 기본적으로 자택에서 술을 마셨다. 그러나 16세기에 이르면 영국에서는 런던 등 대도시를 중심으로 상류층만이 이용하는 와인 선술집, 즉 태번

Tavern이 생겨났다. 대륙에서는 18세기에 들어서야 상류층이 밖에서 술을 마시게 되었다.

선술집의 암흑기

고대 로마 시대의 알프스 북쪽에는 선술집이 한 곳 있었다. 로마에서 유럽 대륙으로 뻗어 나가는 도로 부근에 있는 역참이었다. 그리스와 로마를 제외하면 이곳을 유럽 최초의 선술집으로 봐도 무방하다. 이곳은 군대, 사자使者, 상인 등을 위한 숙소였는데, 와인 저장고와 진열장까지 있었다고 한다. 그러나 로마제국이 멸망하면서 이 선술집도 사라졌다. 프랑스의 보주Vosges 산맥의 마을 사베른Saverne이란 지명은 역참에서 성립되었던 타베르나Taverna[1]에서 유래했다고 한다.[2]

화폐경제가 아직 약했던 중세의 유럽에는 적어도 11세기경까지 비잔틴제국의 몇몇 도시를 제외하고는 선술집이 거의 없었다. 중세 초기와 중기의 유럽은 농촌 중심의 자급자족 사회로 귀족 영주가 농노를 거느려 영지를 다스렸다. 농노는 살 집을 얻었지만 여행의 자유가 없었고, 영주에게 여러 가지 부역을 제공했다. 영주의 농장에서 만든 맥주를 마실 기회는 있었고 선술집을 운영하는 경우도 드물게 있었지만, 개인적인 상행위가 불가능했기에 선술집이 생길 여지가 없었다.

선술집의 부활

12세기에 들어 상황이 변하면서 선술집이 재등장했다. 이 시기 유럽은 큰 사회변동을 겪고 있었다. 영주가 농노에게 토지를 대여하고 그 담보로 연공年貢을 징수하는 장원제가 성립되었다. 이에 따라 농노는 자신의 토지를 갖는 농민이 되었고, 마을 공동체가 성립되었다. 농민은 연공으로 바치고 남은 생산물을 시장에 내다 팔 수 있었다. 화폐경제가 부활한 것이다. 이로써 새로운 도시가 생겨났고, 시장 기능을 담당하는 전통 도시의 인구도 급속하게 늘었다. 도시와 농촌 혹은 도시와 도시를 중개하는 상인도 늘어났다. 화폐경제와 상품경제가 활기를 띠면서 자연스럽게 물류가 늘고 상인과 운송업 종사자 등의 여행자가 증가했다.

당시는 십자군의 시대이기도 했다. 12세기경부터 예루살렘을 오가는 순례자가 증가했다. 이러한 여행자의 증가는 숙소와 선술집의 발전에 공헌했다.

선술집은 도시, 육상과 해상의 교통 요충지, 그리고 농촌 마을에 차례차례 들어섰다. 가장 먼저 발전한 곳은 시장이 서는 도시였다. 그리고 순례지가 된 도시에도 일찍이 선술집이 부활했다. 여행자와 순례자가 늘어나자 수도원과 호스피스Hospice[3]의 시설만으로는 이들을 수용할 수 없어서 자연스럽게 선술집이 등장했다.

또한 항구도시도 빼놓을 수 없다. 물건을 싣고 온 선원과 장사꾼이 머무를 숙박 시설이 필요해졌고, 많은 선술집이 생겨났다. 대표적인 예가 함부르크이다. 함부르크는 독일 맥주 양조의 중심지로 라거 맥주의 발상지이기도 하다. 13세기 초에 이르면 도시와 도시를 잇는 교역로에도 선술집이 등장했다.[4] 이런 상황에서 선술집이 농촌까지 진출하는 것은 시간문제였다.

영국의 선술집

중세와 근세를 풍미했던 유럽의 선술집을 나라별로 구체적으로 살펴보겠다. 에일Ale의 나라 영국부터 안내한다.

서기 43년 로마인이 브리타니아Britannia에 도착하기도 훨씬 전부터 그곳 원주민이던 브리튼인켈트족은 맥주를 마셨다. 페니키아인이 영국을 비롯한 유럽에 맥주 제조법을 전해주었다는 설[5]이 신빙성을 얻고 있는 것으로 봐서 페니키아인이 활약했던 기원전 20세기부터 기원전 10세기경 사이에 맥주를 만들기 시작했다고 할 수 있다. 455년 영국에 진출한 게르만족은 앵글족과 색슨족이었다. 1066년에는 게르만계의 노르만족이 영국에 진출했다. 이들은 모두 맥주를 마시던 민족이었다.

영국의 맥주를 보통 에일 맥주라 부르는데, 우리가 흔히 마시는 것은 라거 맥주이다. 에일 맥주는 상면 발효시킨 것이고, 라거 맥주는 하면 발효시킨 점에서 차이가 있다. 상온에서 발효시키면 일반적인 에일이 된다. 원래 에일에는 호프가 들어가지 않았다. 아마도 에일의 역사는 상당히 길 것이다. 처음엔 가정에서 주부가 에일을 만들었는데,

새로운 에일이 만들어지면 이웃 사람과 여행자에게 대접했다. 양질의 에일을 만든다고 소문이 난 집은 어떻게 되었을까. 아마도 얼마 안 있어 에일하우스Alehouse, 즉 선술집으로 발전했을 것이다. 그래서 에일하우스의 주인은 여성이 많았다. 그러나 에일 양조업은 서서히 남성에게 넘어갔다.[6]

사토 세이류佐藤清隆는 영국의 선술집 연구에 상당한 시간을 들였다. 사토의 논문을 보면 영국의 도시나 농촌의 선술집은 대체로 하류층 출신이 경영했다고 한다. 이들은 선술집만으로는 형편이 어려웠기에 모직물과 가죽 제조를 부업으로 했다.[7]

1552년이 되자 영국은 에일하우스에 허가제를 도입했다. 선술집 허가제를 시행한 명분은 풍기 문란이었다.[8] 그 전까지는 누구나 선술집을 열 수 있었다는 뜻이다. 물론 법령이 공포된 뒤에는 무허가 선술집이 우후죽순으로 생겨나긴 했다. 대륙과 달리 일찍부터 왕권이 강했던 영국에서 왕실은 오랫동안 선술집의 허가권을 장악했다.

영국의 에일하우스는 16세기에서 17세기에 걸쳐 급증했다. 교회에서 연회를 열고 술을 마시는 것을 신성모독 행위로 비판한 종교개혁의 영향 때문이다. 종교개혁 직전

그림4 에일Ale 봉을 내건 에일하우스. 여주인이 보인다. 14세기 사본.
《술집의 문화사酒場の文化史》》

까지 교회는 공동체의 연극, 무용, 음악, 오락, 그리고 음주 등의 장소였다. 요컨대 교회는 예배 장소인 동시에 공동체의 커뮤니티 센터였던 셈이다. 성과 속이 뒤섞인 이런 상황은 비난의 대상이었고, 종교개혁을 전후해 교회가 지닌 세속적 영역은 선술집으로 옮겨지면서 선술집은 전성기에 접어든다.

영국의 선술집과
업종의 분화

16세기 중반을 지나면서 영국의 선술집은 인Inn, 에일하우
스Alehouse, 태번Tavern으로 전문화되었다.

인은 12~13세기부터 존재했던 숙소로 식사와 에일을
제공했다. 18세기에 이르면 런던의 인에서는 평균 4, 50대
의 침대를 완비하고 있었다. 작은 마을의 인은 네 대의 침
대만 있어도 충분했다.[9]

그러나 영국의 대표적인 선술집은 에일하우스였다. 17
세기 초에 런던의 교회는 122곳이었는데, 에일하우스를
중심으로 한 선술집은 3,000곳이 넘었다.[10] 특히 도시의 에
일하우스는 하층민을 위한 장소였다. 간혹 에일하우스는
숙소를 겸하기도 했는데, 그런 에일하우스는 인과 별 차이
가 없었다.

당시 손님들은 옷과 머리카락에 벼룩과 이가 달라붙지
않도록 알몸으로 잤다. 이들은 체온을 뺏기지 않으려고 나
이트캡Nightcap을 쓰기도 했다.[11] 침대는 공용이었다. 나이
트캡은 '취침 술'이라는 의미도 있어 취침 전에 몸을 따뜻
하게 하려고 술을 마셨는지도 모른다.

앞서 교회에서 공동체의 축제가 열렸다고 언급했는데, 그 대표적인 것이 에일 축제였다. 에일 축제는 빈민 구제, 나눔, 자선을 위한 것이었다. 영국인은 처치·에일Church-Ale 축제를 자주 열어 교회와 빈민 구제를 위한 자금을 마련했다. 헬프·에일Help-Ale 축제는 재난을 당한 사람들을 돕는 자선 활동이었고, 브라이드·에일Bride-Ale 축제는 결혼식을 축하하는 자리였는데 연회 비용이 없는 신혼부부를 돕는 축제였다.[12] 에일하우스는 이러한 모임이 열리는 장소가 되었다. 이들 축제가 열린 장소는 원래 교회였다. 그러나 종교개혁 전후로 교회의 연회가 비난을 받으면서 그 기능을 에일하우스가 이어받았다.

17세기가 지나면서 에일 축제는 쇠퇴해갔다. 특히 청교도혁명으로 권력을 장악했던 청교도Puritan는 이를 신을 모독하는 행위라고 비판했다.[13] 술을 팔아 자선을 한다는 행위가 금욕적인 청교도에겐 용납되지 않았다. 에일 축제의 나눔과 자선 정신은 무상 접대의 정신과 일맥상통했다. 에일 축제의 쇠퇴는 무상 접대가 쇠퇴하는 과정과도 일치한다. 나중에 국교회의 세력이 부활했을 때에도 에일 축제는 명맥을 잇지 못했다.

상류계급 밀회의 장소, 태번

태번Tavern, 라틴어의 Taverna에서 유래은 와인 전문점으로 16~
17세기에 전성기를 보낸 상류계급의 전용 선술집이었다.
영국에서 와인은 수입품이라 고가였고, 와인 선술집태번도
그리 많지는 않았다. 16세기 중반 런던에 약 300곳의 태번
이 있었지만,[14] 17세기에 들어서자 태번의 수가 줄어 1633
년 런던의 태번은 211곳에 불과했다.[15]

  사생활을 적나라하게 적은 것으로 유명한 새뮤얼 피프
스Samuel Pepys[16]의 《일기》는 1660년대의 영국, 특히 런던
의 실정을 잘 보여준다. 피프스는 하급 귀족이었는데, 당
시 상류층은 와인을 무척 선호했다고 한다. 자신도 자택의
와인 저장고를 자랑스러워 했다. 또한 빈번하게 와인 선
술집, 즉 태번에 드나들었다. 그의 친구와 지인도 그랬다.
태번은 런던 상류층의 모임과 상거래의 장소였다. 변호사
는 태번에서 일을 보기도 했다. 당시에 런던에는 카페가
등장한 상태였는데, 피프스도 거기에 드나들었다. 피프스
는 때로 하층민의 에일하우스에도 갔다. 그러나 에일하우
스에는 매춘부가 있다고 비판했다. 일례로 1661년 8월 31

일 피프스는 축제를 구경하고 에일하우스에 들렀다. 그러자 매춘부 한두 명이 그의 곁으로 다가왔다. 그는 당시의 일을 "마음속에서 반감을 느껴 그곳에 있어도, 그곳을 나가도 조금도 즐겁지 않아서 실로 고생했다. 사람들의 눈에 띌까 봐 걱정되었다."라며 마치 성인군자라도 되는 양 적어놓았다.[17]

피프스는 태번에서 정사를 즐겼다. 마차로 태번에 가서 바람기가 있는 상대와 일을 벌였다. 어떤 기록에는 의자 밑에서 상대와 두 번이나 했다고 밝혔고, "마지막은 정말 좋았다."라고 썼다.[18] 그리고 "여자는 아무리 남편을 사랑하고 종교를 중히 여긴다고 해도 역시 타락하고 마는 것도 놀라운 일"이라고도 썼다.[19] 피프스는 어지간히 와인과 여자에 빠진 듯하지만, 어딘가 미워할 수 없는 구석이 있다. 피프스의 기록은 상류층과 하급 귀족이 때로 태번을 밀회의 장소로 이용했다는 것을 알려준다. 선술집에서 남자끼리 모일 때는 반드시 초대한 사람이 비용을 냈다. 이것은 자택에서의 무상 접대를 선술집으로 연장한 것으로 봐야 한다.

대니얼 디포가 본
선술집 풍경

1665년 런던에 페스트가 창궐했다. 6월에 시작된 페스트는 11월에서야 잠잠해졌다. 인구 50만 명 중 약 7만 명이 사망했다고 한다. 피프스도 이때의 일을 기록해놓았다. 런던은 시체로 넘쳤고, 피난을 떠나는 사람들이 많았다. 피프스의 부인도 피난했는데, 그 와중에도 피프스는 새로운 문화였던 카페에 갔고 태번에서 한잔했다. 태번에서는 여성과 만나 바람까지 피웠다. 페스트가 창궐하는 상황에서 놀랄 만한 배짱이다. 8월에 들어서자 폐쇄된 태번과 에일하우스가 다시 문을 열었다고 기록했다.[20]

약 60년 뒤 《로빈슨 크루소》로 유명한 대니얼 디포Daniel Defoe가 당시의 일을 재현한 기록물을 남겼다. 디포는 신흥 부르주아 출신인 작가였고, 독실한 기독교도였다. 그는 선술집의 모습을 다음과 같이 묘사했다.

> 오전 1시에 상당한 무리의 손님이 왔고, 게다가 이러한 오싹한 분위기 속에 매일 밤 그곳에 모여서 이 무리가 평소대로 술과 노래에 빠지며 온갖 방탕을 다한다.[21]

시체 운송 마차가 선술집 앞을 지날 때 곡소리를 내기라도 하면 길거리와 창가에서 지켜보던 사람들이 건방지게도 그들을 비웃는 것이었다.[22]

클럽의 모임 장소로 삼았던 선술집이 교회의 입구 가까이 있다는 것만 해도 신에 대한 모독이다. 그들이 선술집에 갈 때면 무신론적인 못된 장난에 빠지는 일도 꽤 많았다.[23]

마지막 인용문의 '클럽의 모임 장소'는 아마도 태번일 것이다. 민중이 모이는 에일하우스는 이보다 더 심했을지도 모른다. 피프스나 디포는 상류층이었다. 물론 이러한 태번의 양상이 일반적이었다고는 할 수 없고, 상류층이 모두 태번에 갔던 것도 아니었다. 그렇다고 해도 그들이 하층민의 에일하우스를 악행의 소굴이라고 비난할 자격은 없지 않았을까.

커뮤니티 센터로서의 선술집

중세와 근세의 영국 선술집은 커뮤니티 센터였다. 특히 농촌에선 절대적이었다. 선술집은 비즈니스 모임과 각종 주민 모임의 장소였다. 심지어 투표소, 연설 장소, 은행, 재판소, 극장, 음악 공연장, 우체국, 이발소, 직업소개소의 기능도 있었다. 이곳으로 정보가 모여들고 흩어졌다. 선술집은 식료품, 의류, 소금, 양초, 담배의 유통 장소이기도 했고, 닭싸움, 복싱, 볼링 등 여러 가지 볼거리도 열렸다.

이것이 이른바 선술집의 복합 기능이다. 다만 은행업만은 예외로 봐야 한다. 하층민이 경영하는 선술집에 그만한 자금이 유통되었을지는 의문이다. 어느 정도의 자산을 가진 귀족이라야 은행의 기능을 담당할 수 있었을 것이다.

영국의 선술집을 간단히 정리하자면 서민의 선술집으로 인과 에일하우스가 있었는데, 특히 에일하우스는 복합 기능이 강했다. 태번은 런던의 귀족 전용 공간으로 민중이 드나들 수 없었고, 대륙에는 없는 시설이었다. 영국에서는 왕실이 선술집 허가권을 오랫동안 장악했는데, 이는 프랑스나 독일의 경우와 달랐던 점이다.

그림5 윌리엄 호가스william Hogarth 〈선거〉.

프랑스와 독일의 선술집

중세 선술집의 성립기엔 황제, 국왕, 제후 혹은 주교가 선술집의 개설 권리를 쥐고 있었다. 프랑스와 독일에서는 점차 도시와 소재지의 귀족, 교회, 수도원 등에 선술집 개설권을 하사하게 되었다. 이것이 영국과 다른 점이었다. 귀족과 수도원 등은 지역의 영주이기도 했다. 영주는 공인된 선술집 외의 장소에서 지역민이 맥주와 와인을 마시는 것을 금지했다. 세례, 결혼식, 장례식 후의 연회도 선술집에서 열어야 했다. 이것을 '선술집 금제禁制'라 한다.

예를 들어 독일의 바이에른에선 1702년까지 이 법이 존속했다. 독일에선 이러한 특권을 가진 선술집을 '타페르네'로 불렀다. 선술집에 공급하는 맥주와 와인의 양조권도 영주가 장악하고 있었다. 예를 들어, 바이에른에서도 보리 맥주와 밀 맥주의 양조권은 영주에게 있었다양조 금제. 영내 선술집은 영주 직영의 양조장이나 양조권을 불하받은 양조장에서 만든 맥주만을 취급해야 한다는 법령이 있었다. 바이에른에서는 이 법이 1799년까지 존속했다.

프랑스에서는 수도원과 세속의 영주가 모두 와인 금제

를 내렸다고 한다. 영주는 농민에게 영주 직영 양조장에서 만든 와인을 강매했다. 예를 들어 메스Metz의 수도원 측은 농민이 수도원 소유의 선술집에서 일정량의 와인을 사도록 강요했다. 그밖에도 일반 선술집은 영주의 선술집에서 매년 일정량의 와인을 사들이거나, 영주 직영 양조장에서만 와인을 구매해야 하는 제한이 있었다. 그리고 섣달 대목장이 서는 기간에만 자유 매매가 가능했다. 이 법에서 면제되어 영업할 때에도 영주에게 일정한 수수료를 내야 했다.[24]

　도시 자체는 선술집 금제와 양조 금제를 내릴 권리를 쥐고 있었다.[25] 지역에 따라 차이가 있지만, 18세기에 들어서야 이 법이 없어졌다. 19세기에 프랑스혁명이 끝난 후에 와인의 자유로운 양조·판매·구매가 완전히 실현되었으나, 국가에서 술의 제조와 판매를 단속하는 것은 여전했다.

숙박과 선술집을 의미하는 말

와인이라고 하면 프랑스가 연상되지만, 카이사르_{Julius} Caesar가 기원전 1세기에 갈리아_{프랑스 지방}를 정복했을 때 그곳에 살던 켈트인은 맥주만 마셨다. 로마인이 와인 제조법을 전해준 것이다. 그 뒤로 특히 프랑스 남부는 와인 산지가 되었다. 다만 로마인이 와인을 물에 희석해 마신 것과 달리 갈리아인은 원액으로 마셨다. 갈리아 전사가 모두 만취 상태였기 때문에 로마가 갈리아를 쉽게 정복할 수 있었다고 하는 역사가의 견해도 있지만, 이것은 만들어낸 이야기에 불과하다.[26] 로마인이 오기 전에 프랑스인은 와인을 몰랐기 때문이다.

라틴어의 호스피탈리아를 어원으로 하는 프랑스어 오텔_{Hôtel}은 원래 건물, 저택이라는 의미였다. 이것이 숙소의 의미로 바뀌면서 19세기 이후 세계적으로 호화로운 숙박 시설이란 의미로 쓰이게 되었다.

프랑스에서 숙박과 선술집을 뜻하는 말로 호텔 외에도 '오베르쥬_{Auberge}', '카바레_{Cabaret}', '타베른_{Taverne}', '가르고트_{Gargote}', '갱게트_{Guinguette}' 등도 사용되었다. 오베르

그림6 15세기 프랑스의 대형 숙소.
글라스고대학도서관.

쥬는 숙소, 가르고트는 저렴한 음식점, 카바레와 타베른은
대중 술집, 갱게트는 18세기에 생긴 파리 교외의 선술집을
의미했다. 그 외에도 18세기에 '타블 도트Table d'hôte, 정식
코스 요리'와 '타바지Tabagie, 흡연이 있는 술집', 19세기에는 '비

스트로Bistro, 작은 술집', '브라스리Brasserie, 맥주 홀', '아소무아르Assommoir, 저렴한 선술집'라는 것도 있었다. 그러나 이들의 경계선은 애매했다. 덧붙여 말하자면 에밀 졸라1840~1902의 유명한 소설《목로주점》1877은 아소무아르를 말하는 것이다.[27]

그림6은 15세기 프랑스의 대형 숙소를 보여주고 있다. 좌측 사람은 귀족과 그 시종의 일행이라는 것을 알 수 있다. 가운데 부분은 여성용 침실이고, 우측은 남성용 침실이다. 가운데 그림에는 밀회하러(?) 가는 남자의 모습이 그려져 있다. 모두 나이트캡을 쓰고 있다.[28]

술 빚는 수도원

프랑스에서는 교회와 수도원이 와인과 맥주를 만들어 선술집을 차렸다. 미사에 항상 와인이 빠지지 않았기에, 교회와 수도원에서 와인을 양조하지 않으리라 여긴다면 이상한 생각이다.

10세기 이전에 센 강Seine과 루아르 강Loire 유역에 많은 수도원이 지어졌고, 이 수도원에서는 와인을 양조했다. 11세기 이후로는 바이킹의 침략으로 와인 양조의 중심지가 부르고뉴Bourgogne 지역으로 옮겨졌다. 특히 시토회Abbaye de Cîteaux 수도원이 와인 양조에 힘썼다고 한다. 당시에는 왕가와 연계되었던 클뤼니 수도원Abbaye de Cluny이 910년에 창설되었는데, 막대한 부를 쌓아 번영을 누렸던 클뤼니 수도원에 비판적이었던 수도사들이 1098년에 부르고뉴 시토Cîteaux 숲에 수도원을 창설했다. 그 뒤에 시토회 Abbaye de Cîteaux 수도원은 급속히 각지로 퍼져나갔다. 시토회는 의례보다도 고행과 겸손, 청빈, 명상, 노동을 중시했다. 포도밭의 개발에도 힘썼던 것이 부르고뉴 와인의 바탕이 되었다.[29]

그림7 시토 수도원의
115년 복사본.
디종 시립도서관.

어쨌든 사람들이 수도원으로 술을 마시러 온 것을 계기로 수도원은 선술집으로 발전했을 것이다. 예를 들어 생 필리베르 드 그랑류Saint-Philibert de Grandlieu 수도원 내의 중앙 뜰에 있었던 와인 선술집은 좋은 예가 된다. 순례자가 순례 뒤 이곳에 들렀다고 한다. 11세기 이후 프랑스와 독일에 수도원이 운영하는 선술집이 있었다는 증거는 꽤 많이 발견된다.[30]

유럽 수도원의 기원은 6세기의 베네딕트 수도원이다. 이 수도원은 복종, 청빈, 정결의 정신을 강조했고, 면학과 노동에 힘쓸 것을 장려했다. 앞서 보았던 시토회는 그 초심으로 돌아가려는 운동이었다. 의례 위주였던 클뤼니회에 반감을 품었을 것이다. 시토회가 와인에 탐닉해 와인 제조에 힘썼다고 한다면 과장되었을지도 모르지만, 수도원이 와인을 양조했던 배경엔 수도원의 신비주의적 경향과 다소 관련이 있었다. 술이 정신을 고양한다고 생각했기 때문이다.

프랑스의 와인

와인의 대중화라고는 해도 중세와 근세의 프랑스 농민에게 와인은 사치품이었다. 그렇기 때문에 아주 특별한 기회에만 마실 수 있었다. 와인의 대중화는 18세기에 와서야 이루어졌다. 그렇다면 그 이전에 선술집에서는 무엇을 마셨을까? 아마도 맥주, 사과주Cidre, 와인과 비슷하게 만든 혼합주였을 것이다. 18세기에 와인이 대중화되면서 선술집의 수도 급증했다. 1556년부터 1742년 사이, 루앙Rouen에서는 선술집이 89곳에서 478곳으로 늘었다. 이는 와인 대중화의 조짐이었다. 1789년에 파리에는 1,500곳에서 2,000곳 정도의 선술집이 있었다.[31] 따라서 프랑스인이 아주 옛날부터 와인과 친했다는 생각은 잘못이다.

18세기 프랑스혁명 직전의 파리를 묘사했던 작가 메르시에L. S. Mercier는 선술집을 저속한 하층민이 가는 장소로 묘사했다.

밤 10시 무렵, 갑자기 열아홉 명의 부랑자Lumpen와 열여섯 명의 창부, 열 명의 어린아이가 소란스럽게 끼어들었다. 그들이 테이블을 차지하고 그 위에 고기, 생선, 야채, 빵 조각 등을 가득 늘어놓았다. 그러고는 와인을 주문했다. 와인은 납 그릇이 아니라 항아리에 담아서 내놓는 것이었다. … 여자 몇 명은 아기를 데리고 모유를 먹이거나 엉덩이를 닦고 있었다. 개들도 한패에 끼어들어 먹이를 얻어먹었다.[32]

와인이 대중화되었다고 해도 그들이 마시는 것은 뭔가 혼합된 와인이었다. 메르시에는 변형된 와인이 널리 나돌고 있다고 한탄했다.[33]

위험한 산티아고 순례

이번에는 남유럽의 스페인으로 가보자. 스페인의 산티아고 데 콤포스텔라Santiago de Compostela 순례는 대단히 유명하다. 사도 야곱Jacob/St. James의 묘가 있는 콤포스텔라는 예루살렘, 로마와 더불어 기독교 3대 순례지 중 하나이다. 이곳에는 12세기경부터 순례자를 위한 숙소 겸 선술집이 발달했다. 스페인은 이 시기 북부에 집중되었던 기독교 세력을 남

그림8
위험한 산티아고 순례. 16세기.
클라겐푸르트 주립박물관.

부로 확대해나갔다. 레콘키스타Reconquista[34]는 더불어 순례자를 보호하기 위해 산티아고 기사 수도회를 설립했다.

15세기 순례길의 역촌驛村, 부르고스Burgos에 많은 숙소들이 있었는데, 업장마다 6~12개의 침대를 갖추고 있었다. 이들 숙소는 선술집도 겸했고, 비즈니스 센터나 유흥

이 이뤄지는 문화 시설의 기능도 했다.[35]

그리고 길가의 객줏집을 '벤타Venta'라고 했는데, 설비가 열악했고 악덕 업주도 들끓었다.[36] 하지만 도시에 있는 숙박업소도 마찬가지였다. 도시에 가서 한잔하고 싶어도 안심할 수 없었다. 올러Norbert Ohler의 저술에서 산티아고 순례길은 이렇게 묘사되어 있다.

> 하루의 힘든 순례를 마친 순례자는 편히 쉴 곳을 갈망한다. 그들은 여관 주인이 믿을 만한 사람이었으면 하고 바란다. 기분 좋은 잠자리에 몸을 맡기고 싶어 한다. 하지만 사기, 절도, 횡령, 중상中傷이 순진한 사람들을 위협했고, 심지어는 살인까지도 도사렸다.[37]

그래도 노숙을 하지 않는 한 순례자는 이런 곳에서라도 하룻밤을 묵을 수밖에 없었다. 그림8은 16세기 초에 독일에서 제작된 된 것으로 산티아고 순례를 그린 제단의 부조이다. 선술집 주인이 자고 있는 순례자의 금품을 훔치는 모습이 그려져 있는데, 이는 산티아고 순례의 위험성을 독일인이 어떻게 받아들였는지 잘 보여준다.

독일의 맥주 양조장

중앙 유럽으로 가보자. 로마의 역사가 타키투스Cornelius Tacitus[38]는 "대맥이나 소맥으로 양조한 것인데 포도주와 비슷하면서도 질 나쁜 액체가 있다."라고 기록해, 이 지역의 맥주를 소개하고 있다. 그는 게르만 사람들이 맥주를 오래 보존하고자 호프를 넣었다고도 썼다.[39]

독일 전문가나 맥주 마니아 사이에 프라이징Freising의 바이엔슈테판Weihenstephan 양조장이 세계에서 가장 오래된 맥주 양조장이라는 사실은 잘 알려졌다. 세계에서 가장 오래되었다는 것은 최초로 호프를 사용했다는 뜻이다. 현재 이 양조장은 바이에른 주가 운영하고 있지만, 원래는 수도원의 양조장이었다. 바이엔슈테판 수도원은 프라이징의 주교가 1021년 창설한 베네딕트회 수도원이었다. 이곳에서 최초로 호프를 넣었다고는 하지만, 그 정확한 연대는 알 수 없다. 바이엔슈테판 양조장의 홈페이지를 보면 약천 년 전의 일이라고 하니, 수도원을 창설하자마자 양조를 시작했고, 곧바로 호프를 사용했다는 이야기가 된다.

순수령

1516년 바이에른공 빌헬름 4세가 공포했던 맥주 양조 법령, 즉 호프와 맥아와 물만으로 맥주를 제조해야 한다는 '순수령純粹令'은 너무나 유명하다. 이 순수령은 물의 청결을 확보하려는 조치라고 부언한다. 당시에는 효모의 기능을 몰라 순수령에 포함되지 않았지만, 근래에는 효모도 순수령의 일부로 포함되었다. 이 원칙이 독일 전역에 적용되어 현재까지 지켜지는데, 법적으로 1987년 EC 규정으로 실효성을 가진다. 일본 맥주에 쌀과 녹말이 든 것이 많은데, 이러한 불필요한 것을 섞지 말라는 것이다. 그러니까 바꾸어 생각하면, 당시 맥주에는 여러 가지 혼합물이 들어 있었다는 셈이다.

1784년에 쓰인, 저자를 알 수 없는《18세기 독일 맥주 박물지》는 좋은 맥주의 다섯 가지 조건을 제시한다.

1. 좋은 맥아
2. 좋은 호프
3. 알맞은 물의 양

4. 좋은 풍토와 공기

5. 지혜로우며 근면 성실하고 정직한 양조자, 한눈팔지 않고 일을 확실히 해낼 수 있는 인물[40]

이러한 다섯 가지 조건은 지역마다 다르기에 지금도 곳곳에서 다양한 맥주가 만들어지는 셈이다. 1871년까지 하나의 국가가 아니었던 독일에서 맥주는 지역성을 강하게 띠고 있었다. 지금까지 인기 있는 맥주는 독일 합스부르크 왕조 시절의 체코 필스너 양조장에서 1842년에 개발했던 라거 맥주이다. 현재 필스너 우어크벨레Pilsner Urquelle라고 하는 이 양조법은 현재 일본에서 유통되는 맥주에도 적용되고 있다.

수도원 선술집

바이엔슈테판 수도원의 예처럼, 독일에서도 맥주와 와인을 양조한 교회와 수도원이 선술집의 모태가 되었다. 1290년에는 밤베르크Bamberg 근교에 시토회 수도원이 창립되었고 곧 순례지가 되었다.[41] 지금까지의 서술을 통해 이곳에서도 양조가 이뤄졌으리라 추측하는 것은 어렵지 않다. 16세기의 독일농민전쟁1524~1525, 루터의 종교개혁에 자극받은 농민이 봉건제도의 폐지를 요구하며 일으킨 무장봉기과 17세기의 30년 전쟁으로 일어난 혼란을 극복한 밤베르크의 수도원 일대는 작은 마을로 발전해갔다. 그리고 18세기의 프랑스혁명군의 침공도 극복해냈다. 언제부터인지는 확실치 않지만, 이 수도원의 영내에 선술집이 있었고 사람들은 그곳을 '수도원 선술집'이라 불렀다.[42] 순례자는 순례 전후에 한잔했고, 마을 사람들도 미사 전후에 마셨을 것이다. 당시에는 수도원이나 부속 교회에서도 일반인을 위한 미사가 열렸기 때문이다.

선술집을 보유했던 프랑스의 수도원과 같이 라인 강가의 에버바흐Eberbach 수도원 영내에도 선술집이 있었다.

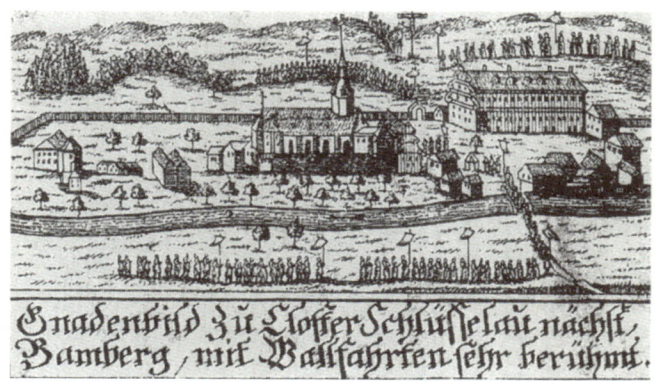

그림9 수도원 선술집. 1730년경.
밤베르크 근교의 시토회 수도원.

이 수도원의 수도사는 13세기 무렵에 라인강을 오가는 여행객을 상대로 짭짤한 수입을 올렸다.[43]

수도원 선술집의 병설倂設은 드문 일이 아니었다. 프랑스혁명을 계기로 수도원의 영지가 몰수될 때까지는 수도원장은 주재지의 영주이기도 했다. 수도원장은 요새를 갖추고 교회 외에도 양조장과 창고, 선술집을 운영하고 있었다. 마을 사람들은 그곳에서 술을 사 마셨다.

오스트리아의
와인 전성시대

오스트리아의 빈은 15세기부터 19세기 초까지 신성로마
제국독일 왕국 황제의 소재지였다. 합스부르크가는 원래 스
위스의 소령所領. 경유하고 있는 땅을 기반으로 한 가문이었다.
이 가문은 13세기 후반에 오스트리아 일대를 손에 넣었다.
게다가 주변으로 영토를 확대하고, 16세기에 보헤미아와
헝가리를 점령해 대국이 되었다. 그 뒤로 빈은 오스트리아
의 수도로 번영한다.

　15세기 이래 빈에서는 시市가 경영하는 슈피탈Spital. 시료
원이 맥주 양조권을 독점했다. 시내의 선술집은 오직 슈피
탈에서만 맥주를 구매할 수 있었다. 이는 앞서 다룬 선술
집 금제禁制의 한 형태였는데, 1719년까지 존속했다. 한편
시민이 가정에서 만든 와인은 자유롭게 거래할 수 있었다.
매춘부의 선술집 출입은 금지했으나 그들이 선술집 앞에
나타나는 것까지는 막지 못했다.[44]

　이처럼 맥주가 와인에 비해 판매가 제한되었던 이유
는 무엇일까? 사실 독일 남부는 16세기까지 포도를 재배
할 수 있을 정도로 기후가 좋았다. 그 뒤 한랭기에 들어 포

도 재배가 어려워졌다.[45] 그래서 빈에서도 16세기 이래 서서히 맥주의 소비가 늘었으나, 1736년까지만 해도 와인의 소비량은 맥주의 세 배였다. 18세기 말에 겨우 와인과 맥주의 소비가 동등해졌고, 그 뒤로 맥주가 이를 역전해 압도적으로 많이 소비되었다.[46] 그러니 빈과 뮌헨이 당시의 파리보다도 이른바 와인 천국이었던 것은 아닐까.

마을 선술집의
복합 기능

그림10은 18세기 독일 마을의 선술집을 그린 것이다. 선술집 본체 외에도 창고와 마구간이 보이고 앞뜰에는 우물이 있다. 울타리를 친 채소밭도 보인다. 이런 마을 선술집의 1층에는 먹고 마시고, 도박을 하고, 춤을 추고, 볼링 등의 게임을 하는 공간이 있었고, 2층에는 선술집 가족의 주거 공간과 손님을 위한 숙박 시설이 자리했다. 특히 영국에서는 춤과 집회를 위한 대중 공연장을 갖춘 곳도 있었다.

독일의 마을 선술집은 많은 토지를 소유했고 농사도 지었다. 가축을 치기도 했으며 종을 고용했다. 선술집의 경영자는 읽고 쓰기와 셈에 능했고, 경제 상황이나 지역사회의 정보에 정통해 저명한 지식인으로 대접받기도 했다.

이런 선술집은 교회와 함께 농촌공동체의 중심지 역할을 했다. 특히 독일농민전쟁 시기에는 농민의 회합 장소가 되기도 했다.[47] 농민전쟁이 일어났을 때 타우버Tauber 강가 로텐부르크Rothenburg 수도원 영내의 오렌바흐Ohrenbach 마을에서는 촌장을 비롯한 약 서른 명이 선술집에서 술

을 진탕 마신 채 피리 불고 북 치며 로텐부르크 시내를 누
비고 다녔고, 시민이 이 대열에 합류해 폭동이 시작되었
다. 이 폭동은 인근 마을로 번져나갔고, 타우버 농민군이
결성되었다. 그런데 타우버 농민군의 지도자는 다름 아
닌 선술집의 주인이었다. 네카어Neckar 지방에서 일어난
농민 봉기도 선술집 주인이 이끌었다.[48] 또한 프로이센의
샤켄Schaaken 지역에서는 선술집 주인인 한스 게리케Hans
Gerikke가 주동이 되어 마을 사람들을 규합해 귀족의 저택
을 털었다고도 한다.[49]

하지만 선술집이 술집이나 식당, 숙소의 역할만 한 것은 아니다. 선술집은 잡화점이기도 했고, 식료품뿐만 아니라 점등에 쓰이는 기름과 농구 등도 취급했다.[50] 지금의 상공 회의소나 법원의 역할도 하고 있었다.[51] 농촌에서는 보통 영주의 집에서 재판이 열렸지만, 영주의 집에서 먼 마을은 선술집을 재판소로 썼다.

또한 근세 독일의 농촌 선술집은 대부업도 겸했다. 그만 큼 자금력이 있었다는 이야기이다.[52] 당시 독일 농촌은 빚 더미 사회였다. 농민끼리 빌리고 갚는 것은 보통이었다. 예를 들어 18세기 뮈를리드Mühlried 마을에 살던 방앗간 주 인의 유서에는 스물여섯 명에게 돈을 빌려주었다고 적혀 있다. 그중에는 마을 영주의 이름도 있었다. 한편 그 방앗 간 주인은 교회와 다섯 명의 사람에게 빚을 지고 있었다. 당시에는 교회가 최고의 은행이었던 것이다. 이것도 같은 마을의 이야기인데, 마을 주민 일흔여덟 명도 교회에 빚을 지고 있었다.

대부업은 교회의 자선사업이 아니었다. 교회는 이자도 받았고 빚을 갚지 못할 때는 영주 재판소로 호송되었다.[53] 이는 농촌으로 화폐경제가 침투하였다는 증거이고, 농촌 사회가 화폐를 매개로 한 인간관계로 구축되어 있었음을 알게 하는 대목이다. 또한 이는 유럽 문명의 한 특징이기도 하다.

아래의 재판 자료를 보면 당시 선술집의 대부업을 이해할 수 있다.

1596년 슈로벤하우젠Schrobenhausen 시의 선술집 주인 아담 파버는 에델스하우젠Edelshausen 마을의 영주 재판소로 서한을 보냈다. 안드레 오버마이어가 1굴덴Gulden, 독일의 옛 화폐의 맥줏값을 갚지 않았다는 내용이었다. 재판소는 오버마이어에게 외상값을 변상하라고 명령했다. 이 서한에는 양을 기르는 슈테판 파졸트가 약 30굴덴의 맥줏값을 지급하지 않았다는 내용도 적혀 있었다. 재판소는 슈테판에게 선술집에 빚을 갚도록 명령했다.[54]

이는 명백하게 외상값을 받아달라는 호소이다. 위의 두 사람이 근교 소도시의 선술집에서 외상을 달아놓고 약속을 지키지 않은 것이다. 위 자료를 통해 당시 선술집에서 외상이 일반적이었다는 것을 알 수 있다. 그러니까 다른 빚도 있었을 가능성이 충분히 있다.

그림11 은행을 겸했던 선술집.
(Kümin, *Drinking Matters*.)

하지만 외상의 발상지가 어디였는지는 분명하지 않다. 전근대사회에서는 무상 접대의 정신이 강했기 때문에, 영국에서처럼 두 사람 이상이 선술집에 들어갔다면 초대한 사람이 술값을 내야 했다. 프랑스에서도 19세기까지는 노동자가 선술집에서 서로 한턱을 내는 풍속이 있었다고 한다.[55] 이러한 예들은 무상 접대의 흔적이라고 할 수 있다. 단, 한 사람일 때는 자신이 낼 수밖에 없는데 수중에 현금이 없다면 결국 외상 말고는 방법이 없었을 것이다. 그림 11의 건물은 1700년에 선술집으로 지어진 것으로 현재에는 신용금고로 쓰인다. 건물 외벽에 'Sparkasse 신용금고'라고 쓴 글자를 볼 수 있는데, 이는 선술집이 은행을 겸하고 있었다는 것을 암시한다.

한편 농촌 선술집에는 다양한 계층의 사람들이 드나들었다. 부농부터 일용직, 성직자, 여행자, 여성과 어린이들까지 왔다. 크리스마스와 같은 축제 때는 남녀노소 주민들도 가득 찼다. 도시와 도로 부근의 선술집이 남성들만의 세계였다면, 농촌은 그렇지 않았다. 통상 한 마을에 허가받은 선술집은 한두 곳 정도였으나, 무허가 선술집도 있었다. 재미있는 것은 도시나 농촌에서도 선술집이 모병 사무소로 쓰여 군인을 스카우트했다는 점이다. 중세의 기사 시대부터 19세기 이후 국민개병제 시대에 이르기까지 용병이 전쟁을 주도했기 때문이다. 선술집은 전쟁 때마다 군인의 숙박 시설이 되기도 했고, 국가에서 무상 숙박을 제공하도록 명령하기도 했다.[56]

도적들의 아지트,
도로 부근의 선술집

상인이 왕래하는 도로와 하천의 요충지에도 선술집이 들어섰다. 13~14세기, 바이에른에 있는 100곳의 선술집 중 41곳이 하천가에 있었다.[57] 도로 부근의 선술집은 숙박 시설이 중심이었다. 마구간을 갖춘 숙소와 도보 여행자만을 위한 숙소로 나뉘어 있었는데, 그 경계가 애매했다.[58] 말을 탄 여행자가 꽉 차면 말과 함께 도보 여행자의 숙소에서 잘 수밖에 없었다. 그리고 도시에서 떨어져 있는 선술집은 도적들의 아지트가 되기도 했다. 1716년 드레스덴Dresden 의 재판 기록을 보면 선술집 두 곳이 도적 떼의 소굴로 적발되었고 장물도 발견되었다고 한다. 선술집의 주인은 장물을 처리하는 역할을 맡았다.[59] 도로 부근의 선술집은 도시와 마을의 선술집보다 확실히 위험했다.

선술집의 불명예

유럽의 상류층은 고대와 마찬가지로 선술집, 특히 도시와 도로에 있는 선술집을 경멸했다.[60] 그들이 보기에 선술집은 하층민이 기웃거리고 매춘부와 도적이 들끓는 곳이었다. 선술집 주인이 맥주와 와인에 물을 섞어 부당한 이윤을 남기거나 손님을 잔뜩 취하게 하고 독살해서 재산을 훔치는 패거리도 있다는 소문이 횡횡했다.[61] 종교개혁 이전의 교회 문헌에는 선술집을 '악마의 발명품'으로까지 묘사하며 경계했다. 예를 들어 도미니크 수도회의 세솔리1250~1322는 선술집을 '악의 세계로 이끄는 죄의 장소'로 여겼다.[62] 16세기 무렵의 지식인도 선술집을 악마적인 것으로 여겼다. 루터1483~1546는 선술집에서 지옥의 모습을 보았다고 한다.[63] 그리스도교의 개선 가능성은 독일 국민의 신실한 귀족에게 있다고 하는 루터의 논설에서 축일이 교회 미사를 등한시하고 게으름과 음주, 도박 등이 행해지는 악덕의 날이 되었기에, 일요일만을 축일로 지정하자고 주장했다. 루터는 축일에 일어나는 온갖 악덕을 선술집의 책임으로 돌렸다.

그림12 지옥도. 왼쪽 위에 선술집 주인이 보인다.
1493년에 의해 발행된 인쇄물의 표지.
(May (eds.), *Gasthäuser*)

무엇보다도 헌당 기념제 축제를 폐지해야 한다. 이것
은 술집, 시장판, 도박장으로 전락해 신성모독과 영혼
의 불행을 크게 할 뿐이다.

1679년에 로텐부르크Rothenburg의 교회 감독관은 선술
집 주인은 신을 믿지 않는 극악무도한 사람으로, 자신의
이익 때문에 죄를 장려하고 마땅히 행해야 할 선행을 욕보

그림13 홀바인 〈죽음의 무도〉(16세기).
유럽 죽음의 무도협회 미술박물관.

였다고 일갈했다. 17세기 후반의 가톨릭 선교사인 아브라
함 아 산타클라라Abraham a Santa Clara, 1644~1709는 선술집을
운영하는 사람은 불신자이고, 그들은 해로운 술을 내고 바
가지를 씌워 고객을 속인다며 철저하게 경계하라고 조언
했다.[64]

이런 부정적 인식은 선술집의 실태를 정확히 반영하는
것이 아니었다고 해도, 상류층과 당시 지식인의 공통된 반
응이었음은 분명하다. 그럼에도 마을 선술집은 여성을 포

함한 주민들의 커뮤니티 센터였기 때문에 이러한 경멸에
서 어느 정도 벗어나 있었다. 실제로 마을 선술집을 향한
경멸은 도시인의 농민 경멸을 반영하는 것이어서 실태와
는 다르게 부풀려진 면이 있었다.

슬라브인의 선술집

독일의 동쪽, 슬라브인 지역에서는 어땠을까? 발칸반도의
남부 슬라브 여러 민족은 비잔틴제국1453년 멸망에 이어 오
스만제국의 지배를 받았다. 비잔틴제국과 오스만제국에서
도시와 도로의 선술집은 번영했지만, 농촌 선술집의 흔적
은 없었다. 그보다 북쪽 지역지금의 동유럽에도 비잔틴의 영
향으로 도시와 주요 도로 부근에 선술집이 있었을 것이다.
이는 서쪽에 도사린 독일인의 영향도 한몫했다.

독일 귀족과 농민은 12세기 엘베 강Die Elbe을 건너 동
쪽으로 진출했고, 13세기에 이르자 슬라브인의 지역을 식
민지로 삼았다. 지금의 폴란드와 체코 등지였다. 이를 추
진한 것은 뒤에 프로이센 공국으로 발전하는 독일기사단
이었다. 기사단은 이들 지역에 독일의 농촌 선술집 모델을
수출했다.[65] 슐레지엔Schlesien[66], 모라비아Moravia, 보헤미아
Bohemia에 농촌 선술집이 등장했다.[67] 이 세 지역과 헝가리
는 16세기부터 독일 합스부르크가의 지배를 받는다. 따라
서 독일의 동방 진출에 영향을 받았던 지역의 도시와 농촌
에 선술집이 생겨났다. 다만 저술가 아베 킨야阿部謹也는 독

일인의 식민 활동 이전부터 이들 농촌에 선술집이 있었다
고 주장한다.[68]

　마지막으로 농촌 선술집을 찾으러 유럽의 동쪽으로 더
들어가보자.

동토의 땅과 보드카

러시아의 대표적인 술인 보드카는 13세기에 스칸디나비아 반도에서 들어왔다는 설과 러시아에서 독자적으로 만들었다는 설이 있다. 그러나 근원적으로는 어디까지나 아라비아의 증류 기술이 전해져 탄생한 술이다.

1480년 몽골의 지배에서 벗어난 러시아는 모스크바 Moskva대공국을 세운다. 비로소 유럽에 편입한 러시아에 16세기에 이르러 보드카를 파는 선술집이 등장하는데, 이들 업소는 '카바키'로 불렸다. 이곳에서는 맥주도 팔았지만, 보드카가 메인이었다. 카바키는 국영이었고, 국고의 수입원이었다. 원래 카바키는 귀족 전용이었지만, 곧 일반인에게도 개방되었다. 초기에는 오직 부유층만 드나들었을 것이다. 17세기에 이르러 개인이 운영하는 카바키가 허용되었지만, 매상의 일정액을 국가에 바쳤다. 카바키는 서서히 각지로 확산되어 농촌 마을에도 들어섰다. 다만 카바키가 어느 정도 대중화되었는지는 알 수 없다. 카바키에는 부유층만 드나들었고, 일반 농민은 특별한 날에만 보드카를 마실 수 있었다.[69]

그림14 러시아의 농촌 선술집.
(크리스찬 스미스, 《빵과 소금》)

중세와 근세 러시아 농민들은 알코올 도수가 낮은 크바 스KBAC[70]라는 술을 마셨다.[71] 이는 어느 농가나 손쉽게 만들 수 있는 술이었다. 원료는 곡물 가루와 빵이었는데, 때로는 맥아도 추가됐다. 곡물 종류에 따라 크바스의 종류도 다양했다. 당시는 호프가 비쌌기 때문에 맥주는 축제 때만 마실 수 있었다. 보드카도 마찬가지로 축제나 관혼상제가 열려야 맛볼 수 있었다. 보드카가 대중적인 술로 자리 잡은 것은 19세기에 이르러서였다.[72] 그러니까 러시아에서는 19세기에 와서야 농촌 선술집이 제 궤도에 올랐다고 할 수 있다. 이는 서구에 비하면 화폐경제의 침투가 상당히 늦었다는 증거이다. 마지막으로 1830년대 러시아 공무원의 기록을 통해 당시 러시아인들이 보드카를 얼마나 좋아했는지 살펴보자.

러시아에서는 어릴 때부터 보드카를 마시기 시작해 평생 마신다. 부모는 아이들에게 빵과 보드카를 준다. … 남녀노소를 가리지 않고 누구나 마신다. 선술집시노크에서 남녀가 하나가 되어 마셨고, 집에 빵 한 조각을 남긴 채 두고 온 아이들을 까맣게 잊는 일이 종종 있었다. … 축제일에는 크고 작은 도로나 각 마을의 선술집이든 어디서나 밤낮으로 진탕 마신다. 평일에도 이른 아침부터 늦은 밤까지 손님을 받았고 손님은 언제나 북적였다.[72]

여기서는 선술집을 시노크라로 부르지만, 19세기 초에

는 러시아 농촌에 카바키카바크라는 선술집도 등장한다.[73]
카바키는 상류층의 선술집이었고, 시노크는 하류층의 선
술집이었다. 같은 시대 서구에서 선술집의 근대화가 이루
어졌던 것과 달리 러시아에서는 옛 모습을 그대로 고수하
고 있었다.

제3장

유럽의 근현대
선술집이 시퇴기

19세기를 지나면서 유럽의 선술집은 쇠퇴기를 맞는다. 이 시기에 선술집은 중근세 때 지녔던 복합 기능이 제각각 분리돼 독립해갔다. 복합 기능의 쇠퇴는 특히 20세기에 들어 가속도가 붙는다. 선술집의 복합 기능이 각기 독립되는 것을 '기능 분리'로 부르겠다. 기능 분리의 구체적인 예는 나중에 자세하게 다룰 것이지만, 여기서는 우선 큰 흐름을 살펴본다.

먼저 프랑스혁명으로 봉건제가 무너지면서 그때까지 자택에서 먹고 마셨던 상류층이 밖에서 먹고 마시게 되었다. 따라서 상류층이 먹고 마실 수 있는 새로운 타입의 시설이 등장했다. 바로 카페와 레스토랑, 그리고 호텔이다. 초기에는 상류층을 위한 시설이었지만, 카페는 폭발적인 인기를 끌면서 대중화되었고 곧 저렴한 선술집이 되었다. 물론 상류층 전용 카페도 살아남았다. 레스토랑과 호텔은 제2차 세계대전까지 고급 시설로 이어졌다.

19세기에는 빅토리안 펍pub, 뮤직홀, 음악 카페, 카바레 등 새로운 타입의 도시 선술집이 등장했다. 이들 공간은 도시 대중의 욕구에 맞춰 오락 위주의 쇼 비즈니스를 주로 수행했다. 선술집은 이렇게 새롭게 바뀌면서 번영했다. 그러나 이 새로운 형태의 선술집에서 엔터테인먼트가 중심이 되면서 이전의 복합 기능의 선술집이 점차 사라져가며 기능 분리가 이루어지고 있었다. 이는 공업화의 영향으로 사람들의 생활양식이 변했기 때문이었다. 따라서 공업화의 시기가 각각 달랐던 영국, 프랑스, 독일에서는 선술집의 기능 분리도 각각 다르게 이루어졌다. 특히 미국에서 발전했던 금주운동이 선술집의 기능 분리에 큰 영향을 끼쳤다.

대중 카페의 등장

상류층을 고객 대상으로 삼아 등장한 새로운 타입의 시설 가운데 대표적인 것이 카페이다. 카페를 다룬 책이 시중에 많이 나와 있어 굳이 자세하게 소개하지 않아도 될 정도다. 단지 지적하고 싶은 것은 카페, 특히 대중 카페가 얼마 안 있어 술도 파는 선술집이 되어갔다는 점이다.

커피와 커피 하우스카페도 아랍에서 전해진 문화이다. 선술집이 유럽만큼 발달하지 않았던 이슬람 세계에서는 카페가 집회 장소의 역할을 하고 있었다. 예능연극, 춤, 음악 등, 도박, 마약, 매춘의 장소이기도 했다이 주제는 제4장에서 다시 다룬다.

유럽 최초의 카페는 1647년 베네치아에 등장했다. 이어서 로마, 옥스퍼드, 런던, 함부르크, 파리, 빈에서 카페가 생겼고, 1700년경까지 유럽의 대도시로 퍼져나갔다. 유럽에서 최초의 카페는 고급스러운 느낌을 자아냈다. 손님은 상류나 중류층뿐이었다. 이후 18세기 후반에 들어서자 대중 카페가 등장했다. 덧붙이자면 빈에서는 19세기 중반에 들어서야 여성이 카페에 자유롭게 출입할 수 있게 되었다

그림15 베네치아의 카페.
(《유럽의 카페 문화》)

고 한다.[1] 대중 카페는 커피보다 술을 주로 팔았다. 18세기 파리에는 600~700곳의 카페가 있었다고 한다. 당시에 작가 메르시에L. S. Mercier는 《18세기 파리생활지》라는 책에 대중 카페에서 커피 외에 폰스라는 화주소주를 베이스로 한 리큐어를 마셨다고 기록했다.[2] 또한 대중 카페에서 와인도 팔았지만 그것은 희석 와인이었고, 19세기에 와서는 맥주와 압생트Absinthe[3]도 마셨다고 기록했다.[4]

메뉴의 탄생

레스토랑과 호텔을 선술집으로 보기에는 좀 어려울지 모르지만, 지불을 담보로 술과 숙박을 제공한다는 점에서 선술집과 같다고 할 수 있다.

레스토랑은 1765년에 블랑제Boulanger라는 인물이 파리에서 개업하면서 시작됐다는 것이 정설이다. '레스토랑'은 '뷔용Bouillon, 스프이 기운을 회복시킨다'고 하는 'Restaurer'에서 따왔다고 한다. 이러한 영향 때문에 그 뒤 20년간 파리에는 레스토랑이란 이름의 음식점이 늘었다.

레스토랑도 처음에는 상류층을 대상으로 하였다. 다양한 요리를 자신의 취향에 따라 주문할 수 있다는 것이 레스토랑의 특징이었다. 프랑스혁명으로 귀족의 전속 요리사들이 직장을 잃게 되면서 레스토랑이 증가했다는 설도 있지만, 설득력은 약하다. 그러나 파리의 레스토랑은 1789년에서 1820년 사이에 30곳에서 3,000곳으로 늘었다.[5] 메르시에는 레스토랑이 가격은 비싸고 양은 적다며 넌더리를 쳤다.[6]

독일에선 1870년대부터 베를린과 함부르크와 같은 대

그림16 함부르크의 레스토랑 메뉴. 1913년.
(May (eds.), *Gasthäuser*.)

도시를 중심으로 근대적인 레스토랑이 증가했다. 그러나
유럽의 레스토랑이 대중화되기 시작했던 것은 1920년대
부터였다. 본격적인 보급은 제2차 세계대전 뒤에 이루어
졌다.

문명의 상징, 호텔

호텔이 라틴어의 호스피탈리아를 어원으로 하며, 고대에는 손님을 무상으로 접대하는 방을 뜻했다는 것은 앞서 밝힌 대로이다. 중세 프랑스에서는 이를 숙소의 의미로 사용했다. 프랑스의 호텔은 영국의 인Inn과 같았고 선술집이기도 했는데, 이러한 호텔은 19세기에 와서 상류층의 전용 시설로서 독립되었다. 그 뒤 호텔이라는 말은 영국과 독일을 비롯해 세계적으로 퍼져나갔다. 독일의 황제 빌헬름 1세재위 1871~1888는 매주 한 차례 맘에 드는 호텔에 갔다고 한다.[7] 레스토랑과 호텔의 문화는 카페와 달리 오랫동안 귀족과 부르주아의 중상류층만을 위한 것이었다.

전통적인 선술집 문화는 20세기에 들어서도 농촌을 중심으로 얼마 동안은 존속했다. 농민은 여전히 그릇을 공동으로 썼고, 나이프나 포크는 능숙하게 쓰지 못했다. 도시 노동자들은 이런 상황이 좀 나았을지도 모르겠다.[8]

과학 기술과 선술집

생뚱맞게도 과학 기술이 선술집 문
화를 쇠퇴로 이끌었다. 사람들은 선
술집에 가지 않고도 술을 마실 수
있게 되었다. 물론 옛날에도 집에서
마셨겠지만, 그 술은 선술집에 가서
사와야 했다.

그림17 빌헬름 1세

파스퇴르가 개발한 저온 살균법
으로 맥주와 와인을 효과적으로 보
존할 수 있게 되었는데, 이는 병맥
주의 대량생산을 불러왔다. 린데Linde[9]가 냉동기를 발명함
으로써 라거 맥주를 1년 내내 양조할 수 있게 되었을 뿐만
아니라, 그 뒤로 가정용 냉장고가 등장하면서 음주 문화는
일대 혁신에 이르렀다. 지금은 슈퍼마켓에서 캔 맥주를 사
다가 냉장고에 차게 보관했다가 언제든지 마시고 싶을 때
마실 수 있다. 선술집의 개점 시간을 기다리는 수고를 기
꺼워 할 애주가는 이제 없다.

빅토리안 펍

근현대의 선술집 기행은 영국에서 시작한다. 19세기 초 영국 선술집은 펍Pub으로 불렸다. 퍼블릭 하우스Public House를 줄인 것이다. 퍼블릭 하우스라는 말 자체는 17세기에 등장했다. 퍼블릭 하우스를 일본말로 옮기기는 어렵겠지만, 모두가 모이는 장소라는 뜻의 공회당公會堂이라고 하면 어떨까.한국어는 '사랑방'으로 번역하면 적당할 것이다-역자 주 퍼블릭 하우스는 당시 선술집의 복합 기능을 정확하게 잘 표현한 말이라고 생각한다.

그러나 기능적인 면에서 보면 적어도 도시의 펍은 복합성을 잃어갔다. 먼저 19세기의 펍의 전체상을 파악해보자.[10] 19세기는 빅토리아 여왕재위 1837~1901의 통치 시대로 '빅토리아시대'라고도 하는 영국의 절정기였다. 19세기의 펍을 대표하는 것이 빅토리안 펍이다.

먼저 건축부터 남달랐다. 사람들이 쉽게 한눈에 펍이라는 것을 알 수 있도록 지었다. 스위스풍, 고딕풍, 그리스풍, 이탈리아 르네상스풍 등의 펍이 나타났는데, 이는 19세기의 상업주의를 상징했다.

상류층도 빅토리안 펍을 찾았다. 손님의 신분에 따라 펍의 내부는 몇 개의 공간으로 분할되어 있었다. 크게 보자면, 각각 하류층과 중상류층 전용으로 구별되어 있었다. 중상류층은 '살롱'과 '팔러Parlour, 응접실'로 부르는 특급실을 이용했다. 그러나 중상류층 전용 공간은 곧 펍에서 독립해 나갔다. 그 전형이 회원제 클럽이었다. 중상류층은 서서히 자신들만의 선술집을 만들었다. 이렇게 해서 19세기 말이 되자 펍은 다시 하층민의 공간으로 돌아왔다. 중상류층은 고급 살롱과 클럽으로 술을 마시러 갔다.

1870년대 후반에 이르러 펍의 숫자는 줄어들었다. 이는 펍의 포화 상태 때문이기도 했고, 사람들이 여행과 같은 다양한 여가를 누리게 된 점과 술의 보존 기술이 발전하면서 집에서 마실 기회가 늘었기 때문이다. 19세기 말에야 영국 시민들이 겨우 생활의 여유를 가지게 된 것이다.[11]

화려하게 꾸민 싸구려 술집, 진 팰리스

빅토리안 펍은 에일과 맥주를 팔았다. 하지만 이를 대신하여 진을 판 선술집이 등장했는데, 진 팰리스Gin Palace였다. 진은 17세기 후반에 네덜란드에서 들어왔다. 초기에는 증류주를 자유롭게 팔 수 있었지만, 1729년에 진법이 제정되면서 허가제로 바뀌었다. 영국은 양조주와 증류주의 생산을 관리하면서 막대한 주세를 거둬들였다.[12] 산업혁명기의 도시 하층계급의 삶을 묘사했던 윌리엄 호가스William Hogarth의 유명한 〈진의 거리Gin Lane〉그림18 위쪽를 보면 진의 폐해를 짐작할 수 있다.

진 팰리스는 19세기 전반에 등장했다. 진 팰리스의 건물은 이름처럼 호화로웠지만, 홀에는 의자가 없었고 바 앞에서 서서 마시는, 하층계급과 노동자가 잠깐 쉬어 가는 장소였다. 그들은 육체노동의 스트레스를 풀려고 빨리 취하는 증류주를 택했다. 진 팰리스에는 매춘부 전용 방도 있었다. 한때 런던의 진 팰리스 14곳에서 일주일간 26만 명의 손님을 받았다고 한다.[13] 그러나 진 팰리스는 오래가지 않았다.

그림18 윌리엄 호가스,
〈진Gin의 거리〉(위)와 〈맥주의 거리〉(아래).

뮤직홀의 전성기

진 팰리스를 대신해 등장한 것이 뮤직홀이다. 19세기가 되어서도 선술집은 엔터테인먼트의 기능을 유지했다. 펍에서 연극과 쇼, 음악을 공연했다. 가수, 댄서, 코미디언을 전속으로 두고 영업한 펍도 있었다.

그러나 영국은 1843년에 '극장법'을 제정해 연극 중에 먹고 마시는 것을 금지했다. 연극과 공연은 선술집에서 극장으로 자리를 옮겼다. 당시 극장은 상류층 전용으로 16세기부터 이미 존재해왔지만, 펍에서 음악과 춤만이 허용되면서 기능 분리가 이루어진 것이다.

뮤직홀의 창시자는 찰스 모턴Charles Morton이라는 인물이었다. 그는 1854년에 프로급의 예인을 써서 쇼를 만들었다. 뮤직홀의 규모도 상당했는데, 극장식당인 모턴의 가게에서 1500명의 손님이 음식과 쇼를 즐겼다고 한다.[14] 거대한 음악 펍과 같았다. 뮤직홀은 19세기 말에 전성기를 맞았다가 그 뒤로 쇠퇴했다.

이같이 19세기 영국 도시에 새로운 형태로 등장한 선술집은 쇼 비즈니스를 강화해갔다. 얼핏 보면 선술집이 번영한 듯 보이지만, 실제로는 커뮤니티 센터의 역할을 해왔던 선술집의 복합 기능이 분화된 과정이었다. 특히 도시에선 선술집의 복합 기능이 급격히 쇠퇴했다. 이것은 영국의 공업화가 그만큼 빨리 진행되었기 때문이다.

선술집의 천국, 프랑스

호텔과 레스토랑이 오랫동안 상류사회의 전용이었다면, 카페는 보다 빨리 대중화되었다. 기존의 선술집에서 이름만 바꾼 카페의 대중화는 어찌 보면 자연스러운 현상이었다. 상류층이 이용한 카페가 웨이터와 웨이트리스를 두고 있었던 것에 비해 대중 카페는 주인과 여주인이 가게를 꾸려나갔다. 젊은 노동자들은 집에 부엌이 없어 카페를 마치 자기 집 주방처럼 이용했다. 이들은 성관계도 이곳에서 배웠다.[15] 대중 카페 말고도 여러 이름을 단 선술집이 있었다는 것은 제2장에서도 언급하였다.

앞서 19세기의 대중 카페에서는 맥주와 압생트를 마셨다고 했지만, 아마도 그 외의 선술집에서는 주로 와인을 마셨을 것이다. 선술집의 이름에 따라 술과 음식의 종류, 가격, 가게의 분위기 등도 각각 달랐다. 덧붙이자면 작은 술집을 뜻하는 '비스트로Bistro'는 나폴레옹전쟁 때 파리가 함락당했던 1814년, 파리에 주둔한 러시아 군인이 카페에서 술을 "빨리러시아어로 '비스트로'는 '빨리'라는 뜻이다-편집자 주" 달라는 말에서 따온 이름이라고 한다.[16] 프랑스의 선술집은

그림19 프랑스의 대중 카페. 파리국립도서관.

그림20 프랑스의 갱게트Guinguette. 파리국립도서관.

왜 이렇게 다른 이름이 많았을까. 선술집의 수가 많았기 때문이 아닐까. 수치로 살펴보자.

프랑스의 선술집은 19세기에 급증했다. 1789년의 혁명기에 약 10만 곳, 1830년에 약 20만 곳, 1914년에 약 50만 곳까지 증가했다.[17] 프랑스혁명 당시 파리에만 약 3,000곳, 1840년대 후반에 4,500곳, 1870년에 2만 2,000곳, 19세기 말에는 3만 곳이 넘었다. 이것은 통계상의 수치이다. 무허가 선술집을 포함한다면 더 많았을 것이다. 1880년대에는 4만 곳을 넘었다. 인구 1천 명당 런던 한 곳, 뉴욕 세 곳, 파리는 열한 곳을 넘었다.[18] 프랑스는 바로 선술집의 천국이라 할 수 있다.

노동자들의 만남의 장소

1840년대 파리에는 방대한 수의 선술집이 있었는데, 그곳은 노동자들에게 만남의 장소이자 정보 교환의 장소였다.[18] 선술집에서 일자리를 찾고, 시위 계획을 세우기도 했다. 1804년에 파리에는 정부가 운영하는 직업소개소가 생겼지만 제 기능을 못했다고 한다. 노동자들이 일자리를 구하는 데 선술집을 선호했기 때문이다.

> 노동자들은 일하기 전에 선술집에 갔고, 일과 중에도 한두 번 들렀고, 점심때는 1리터씩 들이켰다. 두 시에서 네 시 사이에 또 마셨고, 일을 마치면 당연히 선술집에 들렀다.[19]

에밀 졸라의 《목로주점》에서도 노동자가 한창 일할 때 술을 마시는 장면이 나온다. 이러한 풍속은 19세기 후반에 들어서도 변하지 않았던 것일까? 프랑스에서 노동자들은 관행상 선술집에서 임금을 받았다고 한다. 예를 들어 항만의 노동자들은 반나절 단위로 일했는데, 현장 관리자가 노동자들을 선술집에 모이게 하여 한턱내기도 했다. 일이 끝나면 임금 대신 금속 코인을 받았다. 그리고 노동자는 받은 코인을 선술집에서 돈으로 바꾸어야 했다. 다시 선술집에서는 수수료를 받고 돈으로 바꿔줬고, 노동자는 또 그 돈으로 선술집에서 술을 마시는 악순환을 되풀이했다.[20]

어떤 면에서는 19세기 프랑스의 도시 선술집은 영국과 달리 여전히 종래의 복합 기능을 유지하면서 존속되었던 것처럼 보인다.

성스런 월요일과
노동자의 애환

봉건제가 무너지면서 일을 구하기 위해 농민들이 도시로
몰려들었다. 때문에 도시는 팽창했고, 하층민의 생활문화
가 형성되었다. 당시의 노동자들은 토요일에 주급을 받았
다. 이러한 주급 시스템은 19세기에 등장했다. 이전에는
도제와 고용주 사이에 계약된 장기 고용으로 일 년에 한
번 받거나, 하루 일해 하루치를 받는 일용직이 대부분이었
다. 19세기에도 일용직이라는 형태가 존속했지만, 특히 도
시 노동자들은 주급으로 받았다. 이들은 붙박이로 고용되
지 않고 통근자로 근무했다.

　주급 노동자가 유일하게 한숨을 돌리는 장소는 선술집
이었다. 토요일에 임금을 받아 그날 밤에 술을 마셨고, 일
요일에도 마셨다. 숙취가 몰려오는 월요일에 출근을 단념
하고 이참에 또 마셔버리는 통에 하루를 더 쉬었다. 이 풍
속은 근세부터 존재했지만, 도시화로 노동조건이 악화되
고 주급제가 정착되면서 한층 심화됐다. 당시엔 술에 절어
출근하지 않는 월요일을 '성스런 월요일'이라 불렀다. 성
스런 월요일은 프랑스, 영국, 독일에도 존재했다. 독일에서

는 이를 '푸른 월요일'이라고도 불렀다.

지금은 성스런 월요일을 보내는 노동자는 거의 없다. 공업화가 진행되면서 노동자도 여가를 즐길 여유가 생겼고, 기술의 발전으로 집에서도 자유롭게 술을 마실 수 있게 되면서 이 풍속은 사라져갔다.

음악 카페

영국 뮤직홀의 프랑스판이 '음악 카페'이다. 뮤직홀도 그렇지만, 음악 카페도 예인이 예능을 펼쳤던 선술집의 전통을 이어받았다. 19세기 후반에 프랑스의 카페 콩세르Café Concert에서 대대적인 쇼 비즈니스가 열렸다. 1867년 극장에서만 허용되었던 무대의상을 자유롭게 입을 수 있게 되는 등[22] 엔터테인먼트의 폭이 넓어졌기 때문이다.

그림 21을 보면 무대에서 여가수가 노래를 부르는 가운데 함께 부르는 사람, 술 마시는 사람, 물담배를 피우는 사람, 그리고 노래에 무관심한 채 노름에 빠진 사람이 있다. 한눈에도 극장과 다르다는 것을 알 수 있다. 프랑스에서도 극장은 근세부터 상류층 전용이었지만, 19세기 후반에 들어 더욱더 순수하게 예술가의 활동 무대가 되면서 '기능 분리'가 이루어졌다.

그림21 1860년경의 음악 카페. 당시의 일러스트.
(Heise, *Kaffee und Kaffeehaus.*)

최초의 근대적 카바레
'검은 고양이'

카바레라는 프랑스어는 네덜란드어의 '카브레트Cabret',
혹은 피카르디Picard 방언의 '캄블레트'에서 유래됐다는 설
이 있다. 원래는 '작은 방'이라는 의미로 쓰였지만 작은 방
에서 술을 마시게 되면서 선술집을 일컫는 말로 변했다.[24]

1881년에 파리의 몽마르트에는 최초의 근대적 카바레
인 '검은 고양이Le Chat Noir'가 개업했다. 화가이자 시인이
었던 루돌프 살리Rodolphe Salis가 설립자였다. 카바레는 시
인, 음악가, 작가, 화가 등 예술가의 작품을 소개하고 감상
하는 장소였다.

음악 카페가 대중오락의 장소였다면, 카바레는 전위적
인 신진 예술가들의 장소였다. 물론 그곳에서는 술도 마셨
기 때문에 '예술가의 선술집'으로 이해하면 맞을 것이다.
'검은 고양이'는 북적거릴 정도로 번성했고, 1885년에 확
장해 이전할 수밖에 없었다. 3층짜리 대형 선술집이 된 카
바레는 그림자극을 간판으로 내세웠다. 점포 안에는 거대
한 스크린이 설치되었다.[25]

19세기 프랑스의 선술집도 영국과 마찬가지로 쇼 비즈

그림22 카바레. 〈검은 고양이〉.
(Senelick, *Cabaret Performance*)

니스가 중심이 되었다. 영국과 비교해 등장 시기가 늦었던
것은 공업화의 속도가 그만큼 늦었기 때문이다.

정치 풍자

1901년에 독일 베를린에는 에른스트 폰 볼초겐Ernst von Wolzogen, 1855~1934에 의해 '채색 극장'이라는 카바레가 들어섰다. 카바레는 독일어로 '카바레트Das Kabarett'이다. 볼초겐은 유능한 시인, 작곡가, 배우, 가수, 화가, 조각가 등을 모집했다. 가게 이름에서 채색은 다채로운 예술을 상징했다. 650명의 객석을 보유한 채색 극장은 파리의 카바레보다는 극장에 가까웠다. 카바레 문화는 뮌헨, 빈, 바르샤바, 부다페스트, 프라하, 모스크바로 번져갔다.[26]

볼초겐은 예술 공연만큼이나 정치 풍자극에도 관심을 쏟았다. 그렇다고 해도 특정 사상과 정당에 치우쳤던 것은 아니었다. 그럼에도 검열의 대상이 되었다.[27]

바이마르공화국 시대로 접어들면서 독일 카바레는 서서히 예술과 정치 풍자를 상실해갔다. 풍자가 가미되지 않은 가벼운 희극과 누드 무용을 주로 선보였다. 검열 강도가 약했던 시절이라 저속한 엔터테인먼트가 남발됐다. 그러나 공화국 말기에 이르러 정치 풍자가 다시 등장했다. 부패한 공화국을 비꼬는 예술에 관객은 갈채를 보냈다. 공화국 말기 4년간 카바레는 크게 번성했다. 그러나 그 이면에서 나치스가 무럭무럭 자랐다. 독일의 마지막 카바레는 1935년에 나치 정권의 탄압으로 문을 닫았다.

히틀러와 선술집

1928년에 베를린에는 모두 1만 6,000곳의 음식점이 있었다. 그중에 수백 개의 카페가 상류층 전용이었다고 하니[28] 소수의 고급 레스토랑을 제외한 대부분은 대중 선술집이었을 것이다. 파리에는 한참 못 미치겠지만, 베를린 사람도 선술집을 꽤 좋아했다.

독일에서는 뮌헨의 '호프브로이하우스Hofbräuhaus'가 가장 유명한 선술집이었다. 이 선술집은 원래 바이에른 왕가의 양조장이었으나 19세기에 일반인에게 개방되었다. 히틀러가 1920년 2월에 이곳에서 2,000여 명의 청중 앞에서 연설하면서 '국민사회주의독일노동자당나치스'이 태동했다.

그리고 1928년에는 베를린에 '하우스 바터란트Haus Vaterland'가 개장했다. 4층 건물에 2,500명을 수용할 수 있는 널찍한 카페, 영화관, 레스토랑, 스페인풍, 동유럽풍, 독일 시골풍 등 여러 양식의 선술집, 터키풍의 카페, 일본풍의 다실도 있었다. 댄스홀도 있었다. 당시 세계 최대 엔터테인먼트 시설로 오케스트라, 줄타기와 공중그네를 선보이는 곡예사, 가수, 댄서 등이 전속으로 일했다. 영국 뮤직홀에 비하면 다소 늦은 감이 있었지만, 이곳은 연간 백만 명이 다녀가는 곳이 되었다. 가족 단위로 올 수 있게 탁아소도 만들었다. 나치스는 이 시설을 없애지 않았다. 중류층의 부르주아가 주로 이용했기 때문이다. 그들은 나치스의 지지 기반

그림23 하우스 바틀란트의 포스터.(1930년)
(May (eds.), *Gasthäuser*)

이었다. 나치스는 정치를 풍자하는 카바레 등은 철저하게 파괴했고, 국민을 통합할 엔터테인먼트는 무제한 조성했다. 어쨌든 하우스 바터란트는 바이마르 시대의 쇼 비즈니스를 응축한 상징물이었다. 이곳은 제2차 세계대전 때 폭격으로 무너졌으며, 1953년에 완전히 사라졌다.[29] 이렇게 독일에서는 쇼 비즈니스의 성립 시기가 상당히 늦었고, 심지어 20세기 중엽까지 이어졌다.

19세기의 도시는 새로운 형태의 선술집을 낳았다. 이렇

게 탄생한 선술집은 상업성과 쇼 비즈니스의 성격이 강조됐지만, 종래의 복합 기능은 쇠퇴해갔다. 다만 영국, 프랑스, 독일 세 나라의 쇠퇴 시기가 상당히 엇갈렸다. 영국 선술집의 쇼 비즈니스는 19세기 전반에 성립돼 20세기까지를 못 버티고 쇠퇴했다. 독일에서는 20세기에 겨우 등장해 바이마르 시대에 전성기를 맞았다. 공업화의 시기와 맞물렸기 때문이다. 독일의 공업화는 1871년, 통일 뒤에 본격적으로 이루어졌다. 프랑스는 영국과 독일의 중간쯤이었다. 그만큼 독일의 선술집은 가장 늦게 복합 기능의 쇠퇴를 맛보았다.

미국의 선술집

유럽인의 이주지였던 미국의 사정은 어땠을까. 선술집의 쇠퇴와 금주운동의 관련성은 꽤 알려진 주제이다. 영국의 식민지 시대부터 미국에선 숙박 시설을 갖춘 선술집 태번이 발달했다. 유럽의 선술집이 넘어오면서 이들 선술집은 마을의 커뮤니티 센터로 자리를 잡았다. 19세기 중엽부터 북부 대도시에 호텔이 등장했고, 선술집의 이름도 프랑스어인 살롱으로 바뀌어갔다. 19세기 말 미국에는 약 30만 곳의 선술집이 있었다고 한다.[30] 이 많은 선술집은 대부분 북부 공업 도시에 집중되어 있었다. 프랑스 정도는 아니었지만 상당한 수였다.

살롱은 도시 공장 노동자의 휴식 공간이었다. 여기서는 카드놀이도 즐길 수 있었다. 문맹이었던 노동자에겐 정보 교환 장소가 되기도 했다.[31] 이렇게 해서 20세기 초까지 미국의 살롱은 전통적인 선술집의 복합 기능을 계속 유지하고 있었다. 그러나 공업화와 더불어 금주법의 시행1920~1933을 계기로 복합 기능이 쇠퇴하는, 즉 기능 분리가 이뤄졌다.

그림24 살롱. 《위대한 술집》

금주운동의 태동

19세기까지는 술고래가 그렇게까지 비난받지 않았다. 전통적인 농촌 사회에서 축제 때 술에 취하는 것은 당연했다. 18세기 독일 농촌에선 연회 때 술에 취한 상태로 예배에 참가했다는 기록도 있다.

원래 그리스도교는 음주에 관대했다. 수도원에서 술을 만들었고, 성직자는 미사 때 와인을 마셨다. 물론 술이 해롭다는 사람도 있었다. 수도원과 교회에서 술을 마시기는 했지만, 만취하면 고행에 처한다는 규율이 있기도 했다. 카롤루스 대제Karl der Große는 술에 취한 상태로 재판하는 것을 금했다.[32] 그럼에도 종교개혁자 루터와 칼뱅조차 금주를 주장했던 적은 없었다.

왜 근현대에 와서 금주운동이 일어났을까? 증류주의 보급이 그 원인이었다. 증류 기술은 고대 오리엔트 시대부터 있었다. 그 뒤 3세기에 알렉산드리아의 콥트인이 고안한 증류기를 모태로 하여 8~9세기에 이르러 아라비아인이 알람빅Alambic으로 개량하면서 증류기의 기원이 되었다.[33]

중세 때엔 증류주의 생산이 어려워 대중화되지 않았다.

그러나 18세기 말부터 19세기 전반에 걸쳐 대량생산이 가능한 증류기가 개발되었다.[34] 증류주의 대량생산으로 서구 노동자는 알코올 중독에 시달리기 시작했다. 이렇듯 하류층이 강한 증류주를 즐기기 시작하면서 금주운동이 고개를 들었다.

미국의 금주법

본격적인 금주운동은 청교도의 국가인 미국에서 시작됐다. 그런데 왜 미국이었을까? 지금까지는 청교도적인 금욕주의가 금주운동의 원인이라는 연구가 설득력이 있었다. 확실히 가톨릭교보다 프로테스탄트 교회에서 금주운동에 적극 관여했다.[35] 그러나 최근엔 이를 부정적으로 보는 연구가 많아졌다. 예를 들어 기업가는 청교도주의 때문이 아니라 노동자의 노동 효율을 높여 이윤을 늘리려고 금주운동을 지지했다는 것이다.[36]

청교도적인 금욕주의가 금주운동의 절대적인 원인이라고는 볼 수 없다. 오히려 미국의 하층민이 독한 증류주를 많이 마신 것이 원인을 제공한 셈이다. 서부 개척으로 옥수수 생산이 증가했고, 옥수수로 만든 위스키가 바로 버번 Bourbon이다.[37] 미국에는 아일랜드와 스코틀랜드계의 이민자가 많았는데, 그들의 술은 위스키였다.

알 카포네와 밀주 사업

19세기의 운동을 거쳐 1919년 1월 미국 연합 의회에서 채택한 금주법인 '볼스테드법Volstead Act'은 각 주에서 통과돼 1920년 1월에 발효되었다. 금주의 대상은 맥주, 와인 등 모든 주류였다. 단 이 법률은 술의 양조, 판매, 운반을 금지했지 음주 자체를 금지한 것은 아니었다. 이런 금주법은 오히려 시카고를 본거지로 암약했던 갱단의 밀조, 판매 등을 유발했다. 알 카포네Al Capone, 1899~1947가 대표적인 인물이었다. 그 결과 1931년에는 미국 전역에 무허가 선술집이 22만 곳이나 들어섰다.[38] 결국 금주법은 1933년 12월 5일 폐지되었다. 한 세기 동안의 금주운동은 이렇게 실패로 끝났다.

유럽의 금주운동

영국에서도 미국의 영향으로 금주운동이 일어났다. 1835년에 모든 주류를 일절 금하자는 '전국절대금주협회'가 발족했다.[39] 그러나 영국에서 금주법은 통과되지 못했다. 아마도 그 이유는 잉글랜드에 전통술, 에일이 있었기 때문이 아닐까. 전통 양조주를 보유한 나라에서 금주운동은 대단한 저항에 부딪혔을 것이다.

프랑스가 좋은 예이다. 프랑스의 금주운동은 1870년 파리에 '애국적절주협회'가 설립되면서 시작되었다. 1890년대에 와서는 '프랑스절주협회'가 중심이 되어 금주운동에 힘썼지만 이 또한 잘 되지 않았다. 19세기 말에는 노동자를 선술집에서 떼어놓으려고 음식만 제공하고 술을 내지 않는 '절주 식당'을 장려했지만, 이 식당은 경영난을 겪고 사라졌다. 유럽에선 밥과 술이 한 세트여서 술이 없는 식사는 매우 생뚱맞은 메뉴였다.[40] 또한 싼 가격에 양이 많은 식사로 채산이 안 맞기도 했지만, 무엇보다 노동자가 외면했기 때문일 것이다. 흥미로운 것은 프랑스에선 미국과 같이 절대 금주를 요구하지 않았다. 금주운동이 아니라 절주

Meide Schriften und Schaustellungen die den Geschlechtstrieb erregen. Vor allem aber meide den Alkohol ! Der Alkohol lähmt die Willenskraft und besiegt die natürlichen Hemmungen, sodaß es Dir schwer wird, enthaltsam zu bleiben.

그림25 당시의 잡지 《의학 클로니클》에 실린,
1920년대 독일에서 금주를 호소하는 전단이
선술집에서 배포되고 있는 장면.
(May (eds.), *Gasthäuser.*)

운동이었다. 와인이 건강에 좋다는 인식 때문이었다.

독일의 금주운동은 비교적 이른 시기인 1820~1830년대 미국의 영향으로 시작되었다. 질이 나쁜 감자 소주인 슈납스Schnaps와 브랜디가 표적이었다. 독일 증류주는 북부와 동부에서 주로 소비되었다. 서부와 남부에선 와인과 맥주를 주로 마셨고, 증류주에 거의 관심이 없었다. 북부와 동부는 프로테스탄트가 많았던 지역이기도 했다. 따라서 금주운동도 북부와 동부에서 일어났다. 수많은 금주 단체가 생겼고, 1837년에 열일곱 개의 단체에서, 1846년에 348개로 늘었다. 회원도 초기에는 약 500명에서 약 42만 명까지 증가했다.[41] 이 운동은 프로테스탄트 성직자가 이끌었다. 그러나 독일에서 절대 금주운동은 거의 지지를 받지 못하고 금주운동 자체도 사라져갔다.

증류주를 마시는 러시아와 스칸디나비아에서도 금주운동이 일어났고, 20세기가 되면서 금주법을 제정한 곳도 있었다. 그러나 효과가 없어 곧 폐지되었다.[42]

여행과 스포츠의 시대

금주운동은 생각지 않은 성과를 낳았다. 여행업의 창시자로 유명했던 영국의 토마스 쿡Thomas Cook, 1808~1892은 금주주의자였다. 그는 선술집을 대신할 오락거리로 철도 여행 프로그램을 개발했다. 1841년의 '전국금주대회'와 1851년의 '런던만국박람회' 때 여행 열차를 전세 내 단체 관람을 이끌었다. 그는 여행이 술을 대신해줄 것으로 믿었다.[43]

그림26 토마스 쿡이 발행한 잡지.
《대륙의 시간표》 창간호.

1888년엔 금주주의자 맥그리거McGregor가 '축구 연맹'을 설립해 토요일 오후에 축구 시합을 열었다. 대중을 선술집에서 떼어놓으려는 시도였다.[44]

이런 일이 음주를 감소시키고 선술집에 덜 다니게 했을 리는 없다. 그러나 공업화가 진행되면서 선술집에 가는 것 외에도 여가를 즐길 거리가 늘어나긴 했다. 특히 미국에선 금주법 시대에 선술집 외의 장소에서 여가를 찾을 수밖에 없었다. 예를 들어 야구나 영화를 들 수 있으며, 더불어 공원, 운동장, 도서관, 박물관도 만들어졌다.

성공하지 못했다고 해도, 금주운동은 사람들을 선술집에서 멀어지도록 하는 데에 어느 정도 공헌했을 것이다. 일찍이 선술집이 지녔던 복합 기능이 쇠퇴하면서 많은 이들이 선술집을 떠났다.

제4장

이슬람의
선술집

유럽의 선술집 문화와 다른 지역의 선술집 문화는 어떻게 달랐을까. 우선 이슬람권부터 살펴보자. 이슬람은 종교적으로 음주를 금했지만, 선술집은 있었다. 유럽과 마찬가지로 하층민이 다니는 장소였다. 상류층은 집에서 술을 마시다가 16세기에 카페가 등장하자 밖으로 나와 마시게 되었다. 카페가 대중화되면서 음주를 포함한 선술집의 기능을 이어받았고, 이와 동시에 종래의 선술집은 감소했다. 이슬람의 선술집과 카페는 사교와 오락, 매춘 기능을 맡고 있었는데, 그렇다고 유럽의 선술집이 지닌 복합 기능까지는 갖추지 못했다. 그리고 이슬람권의 선술집과 카페는 도시의 문화를 대표한다.

술과 코란

이슬람교가 발생하기 전의 아라비아 반도에선 "술잔이 새처럼 맑게 빛나고 이른 아침에 친구들과 술집의 문을 두드리고…"알 어셔 Al Usher, 629년경와 같은 구절의 시를 노래했다.[1] 술과 선술집은 고대 오리엔트 시대부터 이어져온 전통이었다.

아라비아 반도에서 발생한 이슬람교는 7세기이슬람력의 원년은 서기 622년에 예언자 무함마드가 창시했으며《코란》을 경전으로 한다. 일반적으로 이슬람 사회는 강력한 금주 사회로 간주된다.《코란》에 등장한 술과 관련한 구절을 살펴보면 대략 다음과 같다.

술과 도박에 관해 모두가 당신에게 질문할 것이다. 대답해주리라. 이러한 두 가지는 큰 죄악이지만, 인간에게 이익이 되는 면도 있다. 하지만 죄라고 하는 편이 더 이득이 된다.[2]

당신들, 신도들이여, 술과 도박, 우상, 점술은 사탄의

업이니 모두 피할 것. 명심해서 피해라. 이렇게 하면 당신에게 행운이 꼭 찾아올 것이다. 사탄이 노리는 것은 술과 도박으로 적의와 증오를 부추기고, 알라를 망각하게 하고, 예배에 게으르게 하는 것이다. 어떤가. 당신들은 단호하게 그만둘 수 있는가. 알라의 말씀에 따르라.[3]

위에선 음주가 득이 되는 면이 있다고 한다. 물론 죄악이므로 사탄의 업이 된다는 것을 크게 강조하고 있다. 이를 그저 금주가 상책이라고 하는 정도로 느끼는 것은 개인적인 오해일까. 그러나 이러한 계시로 이슬람 사회에서는 금주를 권하고 있다.

이슬람 증류주

8세기부터 9세기에 활약했던 시인 아부 누와스Abū-Nuwās, 762~813는 술을 소재로 한 시를 많이 남겼다. 이 시들을 읽어보면 당시 이슬람 사회에 금주 문화가 정착되지 않았을 뿐만 아니라, 선술집이 발달했었다는 것을 알 수 있다.

나를 포함한 세 명이 요염한 여주인의 술집으로 걸어갔다. 밤이 이슥해지자, 잠잠해진 술집의 문을 두드렸다. 그녀는 말했다. "누구세요?" 술이 나온다. 마치 태양 같은 광채는 아름다운 유리잔에 투영된 묘성昴星의 빛. 내가 술값을 물어보자, 그녀는 이렇게 대답했다. "석 잔에 9디르함이에요. 모두에게 이걸 팔았던 것이죠."[4]

위에 등장하는 장소는 완전한 형태의 선술집이었다. 이외에도 《아랍 음주 시선》에 선술집이 등장하는 아홉 편의 시가 있다. 술을 다룬 시는 당연히 더 많다. 그 시에 '물을 섞으면 흰 거품의 숙성된 황색 술'[5]이라는 표현이 나온다.

아랍인은 술을 물에 희석해 마셨다. 지금도 물을 넣으면 뿌옇게 탁해지는 '아락arak'이란 증류주가 있는데, 건포도나 대추야자 등으로 만든 소주이다. 이슬람권의 증류주는 지역마다 다른 특징을 지니고 있지만, 모두 아락이라 부른다. 지금도 일본의 아라비아 요리점에는 아락이 있다. 이미 고대 이집트의 선술집에서 대추야자의 증류주를 팔았다는 것은 제1장에서 언급했다.《아랍 음주 시선》에 나와 있는 희뿌연 탁주가 아마도 아락일 것이다. 이후 이슬람의 증류 기술은 유럽과 중국으로 전해졌다.

하층계급의 술, 브제

아랍어로 술을 '하무르'라고 한다. 그러나 어떤 음료가 하무르인지는 이슬람의 각 학파에 따라 견해를 달리한다.[6] 이슬람인은 양조주를 '나비즈'라고 불렀다. 오래전에는 증류주를 '르흐'라고 했다고 한다.[7] 양조주는 지역마다 차이가 있었다. 중앙 아라비아에서는 대추야자 양조주나비즈를 마셨고, 예멘에서는 꿀 술을 마셨다.[8] 이라크, 이란, 터키, 이집트 일대에선 고대 오리엔트 시대부터 와인과 맥주를 마셨다.

19세기 초의 저작인 레인의 《이집트 풍속지》에서는 "적당한 음주는 죄악이 아니라고 여겨 아무렇지 않게 마시기도 했다."라고 소개하며, 이집트의 상류층이 와인과 브랜디 등을 마셨다고 한다. 하류층은 물에 보리빵 가루를 섞어 이것을 발효시킨 술을 마셨다. 이 술을 '브제' 혹은 '브저'라고 불렀다.[9] 이는 고대 이집트 시대부터 마셨던 술로 맥주의 일종이다.

칼리프와 술

이슬람에서는 칼리프무함마드의 후계자라는 뜻만이 술을 마셨다고 한다. 칼리프는 이슬람 국가의 군주였다.[10] 물론 금욕적인 칼리프도 있었다. 우마이야 왕조Umayyad, 661~750의 제8대 칼리프인 우마르Umar 2세는 술병을 파기하고 선술집의 폐점을 명했다.[11] 그러나 대조가 되는 기록도 있다. 같은 왕조 제10대 칼리프인 히샴Hisham 1세의 왕비는 매일 술독에 빠져 살았다. 제11대 칼리프인 알 왈리드Al Walid 2세는 밤낮을 가리지 않고 독한 술을 마셨고, 매일 향락에 빠져 있었다. 그는 금주를 설파하는 코란을 천장에 매달아 놓고 활을 쏘았기 때문에 코란이 너덜너덜해졌다고 한다.[12]

유명한 《아라비안 나이트》에 알 왈리드Al Walid 2세가 아직 왕자였을 때의 일화가 나온다. 유누스Yunus라는 사람이 미녀 노예를 데리고 다마스쿠스로 여행하다가 물가에 도착해 와인과 먹을 것을 꺼냈다. 이때 밤색 말을 탄 왕자와 그의 하인이 나타났다. 왕자는 유누스의 와인 접대를 받고 맘에 들어 여자 노예를 사들이기로 계약했고, 그녀를 데리고 갔다. 유누스는 누군지도 모르는 사람에게 외상으로 여자 노예를 보낸 것을 후회했지만, 얼마 안 있어 궁전으로 호출되었다. 그곳에서 그 젊은이가 칼리프의 상속자라는 것을 알게 되었다. 유누스는 왕자에게 무사히 대금을 받았고, 나중에 칼리프가 된 왕자는 그를 자신의 비서로 일하게 했다는 내용이다. 덧붙이자면 알 왈리드 2세는 주색에 빠져 아들에게 살해되었다.[13]

아바스왕조Abbās, 750~1258에 들어서도 궁정과 고관의 저택에서 음주가 가미된 연회가 열렸다. 학자, 시인, 가수가 여기에 초대되었다고 한다.[14]

이교도의 선술집

아바스왕조의 수도 바그다드에는 그리스도교인과 유대교
인이 운영하는 선술집이 있었다. 이슬람교도는 술을 팔 수
없었기에 이교도가 운영하는 선술집이 많이 생겼다. 아부
누와스의 시에도 유대인의 선술집이 몇 번 등장한다.

> 술집의 아버지여, 엄하게 말씀하시지 마세요. 음주는
> 금기이지만, 마셔도 되는 것이니까.[15]

누와스의 시가 실태를 있는 그대로 반영했다고는 장담
할 수 없다. 그러나 누와스만 술을 찬미하는 시를 지었던
것은 아니다. 특히 이란의 두 대시인,《루바이야트Rubai-
yat》로 유명한 오마르 하이얌Omar Khayyám, 1048~1131과 괴
테에게 많은 영향을 주었다는 하피즈Ḥāfiẓ Shīrāzī, 1326~1390
는 술과 선술집을 이렇게 노래했다.

> 죽으면 술로 씻어다오. 맛있는 술을 올려서 사자에게
> 기도해주오. 최후 심판의 날에 날 만나고 싶다면 선술

집의 입구에서 흙이 된 나를 찾아주오.

— 하이얌[16]

술 따르는 자여, 술의 광채가 우리의 술잔을 빛내리.
악사여, 노래하라. 우리가 바라는 대로 술잔에 비치는
애인의 얼굴을 보네 …

— 하피즈[17]

감사하게도 술집의 문이 열리며
문을 향해 빌었던 소원이 이루어졌네
술단지가 모두 취해서 소란을 피우고 있네 …

— 하피즈[18]

앞서 본 것처럼 《아라비안나이트》에도 술 이야기가 넘친다. 예를 들어 〈짐꾼과 여자들의 이야기〉를 들 수 있다. 바그다드의 미녀들, 짐을 싣는 인부, 세 명의 탁발승, 그리고 칼리프까지 연회에 참가해 이야기를 나누고 마지막에 그들이 각자 결혼해서 오래오래 행복하게 산다는 내용이다. 그중에 다음과 같은 노래가 등장한다.

이 술을 마셔라. 이것이야말로 모든 기쁨의 근본. 마시면 힘과 건강을 얻으리라. 이것이 유일하게 만병통치약이 될 것. 모든 희열의 근원인 술을 마시는 자는 즐거운 기분에 빠질 수밖에 없다. 취하기만 해도 쾌락으로 넘쳐나리라.[19]

이슬람권에서도 술과 선술집이 계속 존재했다. 그것을 뒷받침하듯 각 이슬람 왕조에서는 술과 선술집에 세금을 매겼다. 아랍어로 선술집을 '하누트'라 했다. 이 말의 어원은 아람어북서 셈어에 속하는 언어 중 하나에서 왔다. 중동에서는 이슬람교가 등장하기 전까지 아람어가 공용어였다. 이 단어로 미루어 선술집이 대대로 존재했음을 알 수 있다. 선술집에서 여자 노예나 여자 예인이 술을 따르며 예능을 펼쳤고 매춘도 했을 것으로 예상된다.[20]

오리엔트 카페

유럽에선 카페가 선술집이 되기도 했다. 이슬람권에서는 어땠을까?[21]

커피의 원산지는 에티오피아이다. 커피는 15세기 중기에 아프리카에서 아라비아 반도로 전해졌다. 커피 음용은 예멘에서 시작됐다. 일설에 따르면 예멘의 수피교가 이슬람권에서는 최초로 커피를 마셨다고 한다. 그 뒤 이집트, 시리아, 페르시아로 번져나갔고, 16세기 중반에는 이스탄불까지 전파되었다. 처음 커피를 마신 곳은 사원이었다. 예배 때 커피를 마신 것은 각성 작용 때문일 것이다.

이슬람 사람들은 사원이나 도시 선술집에서도 커피를 마셨다. 도로 주변에 있는 '모케이야'라는 숙소에서도 커피를 마셨다. 16세기 초 아라비아에 최초의 카페가 등장했다. 초기에는 선술집처럼 작고 영세했지만, 16세기 후반에 들어 큰 규모의 시설로 발전해갔다.

그림27은 다마스쿠스 강변의 카페 그림이다. 강 건너편에 훤히 트인 건물 두 채가 나란히 있으며, 맨 앞에도 있다. 얼핏 보면 천막처럼 보이는데, 다마스쿠스와 같이 무

그림27 다마스쿠스 강변의 카페.
윌리엄 바틀릿William Bartlett.

더운 곳에서는 이러한 구조가 가장 적합했을 것이다. 상류
층은 잘 이용하지 않았고, 하류층이 주로 이용하였다. 그
러나 남성 손님 밖에 없었다.

　이르게는 16세기 중엽에 오리엔트 전역의 도시에 카페
가 들어섰다. 커피와 커피를 마시는 곳인 카페의 전파는
같은 궤적을 그린다. 17세기부터 카페에서 담배와 물담배

그림28 카페 내부. 커피·담배·음악·체스·예능의 세계.
(Heise, *Kaffee und Kaffeehaus*)

를 피우기 시작했다. 19세기 초의 카이로에는 1,000곳 이
상의 카페가 있었다. 그리고 이런 카페에는 인도에서 들어
온 대마와 아편이 있었다.[22]

　동판화인 그림28은 19세기 중엽의 터키 카페의 모습이
다. 모두 물담배를 피우고 있으며, 좌측에 악사, 가운데에
체스를 즐기는 사람, 우측에 무언가 말하고 있는 예인의
모습이 그려져 있다.

와인과 커피

1511년 이집트 술탄[23]의 명령으로 메카에서 커피 판매와 음용이 전면 금지되었다. 그 뒤에도 금지령이 반복되었지만, 실효를 거두지 못한 채 논쟁만 거듭되었다. 이슬람인은 커피와 와인이 법으로 금지해야 할 음료인지 논쟁을 벌였다. 결국 와인 음용을 제한하기 위해 커피를 추천하게 되었고, 커피 추진파의 승리로 끝이 났다.[24]

오스만제국1299~1922 시절인 1568년, 이스탄불과 그 인근의 갈라타Galata에 있는 선술집, 카페, 맥주 양조장을 모두 폐지하라는 명령이 내려졌다. 따라서 이스탄불과 갈라타에서 커피와 맥주, 와인을 팔고 있던 선술집과 카페는 전면 폐쇄되었고, 저장된 와인은 소금을 넣어 식초로 만들어야 했다. 그러나 그 뒤 결국 커피의 음용이 인정되자 카페는 점점 번성했다.

이슬람의 선술집, 카페의 문화

위의 사실에 비춰 오스만제국, 특히 이스탄불에 와인과 맥주를 파는 선술집이 있었던 것은 확실하다. 거기에 새로운 음료인 커피가 추가되었고 담배도 팔기 시작했다. 카페에서 커피를 마시고 물담배를 피우면서 담화와 오락을 즐겼다는 것은 앞에서 보았던 동판화에서도 충분히 짐작할 수 있다.

그렇다면 카페가 선술집의 생명을 연장해준 것일까. 하지만 카페에서 술을 거의 취급하지 않았는데도 최소한 공통된 룰은 존재했다. 유럽의 선술집은 숙소였고 식사도 할 수 있었다. 이슬람권의 선술집도 그랬을 것이다. 선술집은 하층민의 장소였다. 당국에서 선술집의 활동을 묵인했지만, 선술집의 주인을 최하층의 인물매춘부·유랑 광대 등과 동급으로 취급했다.[25] 이런 점에서는 유럽과 같았지만, 카페는 성립 당시에 그렇게까지 취급받지는 않았다. 상류층이 다녔기 때문이다. 처음부터 하류층이 다녔다면 사정이 달라졌을지도 모른다.

이슬람권에서도 상류층은 외식하는 습관이 없었다.[26] 집에서 먹고 마셨기에, 대접할 때는 손님을 집으로 초대하는 것이 원칙이었다. 역시 무상 접대의 정신이 존재했다. 그것이 카페의 출현으로 조금 바뀌게 된 것은 아닐까. 아무튼, 상류층이 때로 밖에 나가게 되었던 것은 분명하다.

카페는 사교, 게임, 예능, 마약이슬람법에서는 금지의 장소였다. 커피에 아편을 넣어서 마시기도 했다.[27] 약물과 커피가 있으면 술을 마시지 않아도 되었을까? 그러나 오스만제국의 카페는 커피와 맥주, 와인을 동시에 팔았다. 다른 이슬람권의 카페에서도 술을 팔았을 가능성이 충분히 있다. 이렇게 되면 카페도 선술집과 같이 지식인들에게 비난의 대상이 되었거나, 적어도 고상한 장소로 인식되진 않았을 것이다.

현재까지도 이슬람의 선술집은 도시에 밀집하여 그 명맥을 유지하고 있다. 터키, 시리아, 레바논의 중동 지역, 이집트, 모로코, 알제리, 튀니지 등 북아프리카에도 선술집은 있다. 한편 2003년 시작된 이라크 전쟁 이전에는 바그다드의 선술집에서 새벽녘까지 연회가 계속되었다고 한다. 사우디아라비아와 수단은 현재 엄격한 금주 정책을 취하고 있지만, 여전히 밀주는 나돌고 있다고 한다.[28]

이슬람권에도 실로 다양한 가수, 무용수, 악사 등의 예인이 있었다. 그들은 상류층이 집에서 베푸는 연회에 고용되었다. 예인도 연회 때 술을 마셨다. 여성 예인, 특히 무희는 매춘부이기도 했다.[29] 그들은 악사를 동반했고, 16세기 이전부터 선술집에서, 그 뒤에는 카페에서 활동했다. 이렇게 해서 고대로부터 내려온 선술집의 기능은 카페로 옮겨지며 그 명맥을 유지해왔다. 이슬람의 선술집과 카페의 주요 기능은 잡담, 오락, 매춘이었는데, 유럽의 선술집이 지닌 복합 기능은 없었다. 이슬람권에서 선술집과 카페 문화는 오로지 도시에만 존재했다.

커뮤니티 센터로서의 모스크

이슬람권의 선술집과 카페는 도시나 주요 도로에 발달했다. 농촌에는 이러한 시설이 없었다. 자료 부족으로 농촌에 카페가 있었는지는 알 수 없지만,[30] 실제로도 농촌에는 카페가 거의 없었을 것이다. 그렇다고 농민들이 술과 커피를 마시지 않았거나 담배를 피우지 않았던 것은 아닐 것이다. 그들은 근교 도시의 선술집과 카페, 그리고 집에서 이러한 기호품을 즐기고 있었다. 농촌에 선술집과 카페가 발달하지 않았던 것은 유럽과 달리 화폐경제의 침투 정도가 약했기 때문이다.

농민도 화폐를 이용하긴 했다. 커피 원두와 담배를 얻으려면 화폐가 있어야만 했다. 농민은 도시로 나가 선술집과 카페에 가거나 쇼핑을 하기도 했다. 더구나 그들은 화폐로 세금을 냈다. 예를 들어 오스만제국에서는 '아크체Akche, 오스만제국의 화폐 단위'라는 화폐로 세금을 징수했다. 마을로 세금을 거두러 오는 자가 있었지만, 문제는 농민이 어떻게 화폐를 얻었는가 하는 것이다. 세금을 거두는 자가 현물을 화폐로 바꿔주는 방법도 있었지만, 아마도 환전상 같은 사람이 있어서 미리 현물을 돈으로 바꿔 세금을 냈던 것이 아닐까? 가벼운 쇼핑이라면 여분의 생산물을 상인에게 팔거나 직접 농작물을 팔아서 화폐를 얻을 수도 있었다. 그러나 이것으로 농촌에 화폐경제가 침투했다고 단정할 수는 없다.[31]

유럽 농촌에서는 선술집이 커뮤니티 센터의 역할을 했다면, 이슬람권에서는 모스크사원가 커뮤니티 센터의 역할을 했다. 다음은 19세기 초에 도시에 있는 대사원 안의 모습을 묘사한 글이다.

> 많은 대사원에서 특히 오후에 여러 사람이 안으로 들어가서 빈둥거리며 돌아다니고, 잡담하고, 먹거나 자기도 하고, 때로 실을 잣기도 하고, 간단한 수작업을 하는 것을 볼 수 있었다.[32]

이는 모스크가 커뮤니티 센터였다는 것을 암시한다. 물론 농촌에서도 그랬을 것이다. 그리스도교 교회도 일찍부터 같은 기능을 했다. 그러나 교회 내의 이러한 행동은 종교개혁 전후에 비판의 대상이 되면서 그 뒤 선술집이 그 기능을 이어받았다.

그림29 바그다드의 카페. 1861년, 프랑댕의 목판화.
(Heise, *Kaffee und Kaffeehaus*.)

　이슬람 세계에선 지금까지도 모스크가 커뮤니티 센터의
기능을 유지하고 있다. 그래서 모스크 안에서는 술은 몰라
도 커피는 마셨으며, 담배를 피우고, 담소를 나누고, 상업
적 협의나 직업 알선 등도 이루어졌다. 또한 축제와 관혼
상제의 연회 장소이기도 했다. 이슬람권에서 관혼상제의
연회를 자택에서 여는 것이 원칙이었지만, 때에 따라 모스
크를 이용하기도 했다. 농민의 집이 벽돌과 진흙으로 지

어진 조악한 집이었기에 연회 장소로는 마땅치 않았을 것이다. 그리고 아마도 모스크에서 예인이 활동했을 것이다. 도시에서 사교, 엔터테인먼트, 매춘의 기능은 카페가 담당하게 되었다. 그리하여 모스크의 가까운 곳에는 대부분 카페가 들어섰다.

인도의 선술집

인도의 북부 지역은 10세기 무렵에 이슬람 세력의 지배를 받았다. 16세기에 들어선 무굴제국1526~1858은 데칸고원을 제외한 인도 전역을 장악했다. 무굴제국의 지배계급은 이슬람교도였다. 그러나 일반 주민들은 이전부터 믿어왔던 힌두교를 계속 믿었다.

기원전 200년경에 편찬한 고대 인도의 '마누법전'에는 음주를 금지한 규정이 기록되어 있지만, 경우에 따라 술을 마실 수 있다는 규정도 있어서 해석이 애매하다.

> 육식, 음주, 성교 자체는 죄가 없다. 이는 본능적이고 자연스러운 행동이기 때문이다. 이것을 억지로 막는 것은 엄청난 과보를 가져온다.[33]

> 3년간 혹은 3년 이상 그에게 의존하는 자를 부양하기에 충분한 양식을 가진 자는 소마주를 마실 자격이 있다.[34]

브라만의 살해, 스라주를 마시는 것은 큰 죄다.[35]

이러한 규정으로 보아 스라주는 금지되었지만, 소마주를 마시는 것이 허용되었다는 것을 알 수 있다. 스라주는 곡물과 꿀을 원료로 한 증류주이다.[36]

그러니까 소마주와 같은 양조주는 적당량을 마셔도 괜찮았을 것이다. 소마주는 신에게 바치는 식물인 소마 줄기를 짜서 우유와 섞어서 만든 술이다. 스라주를 몰래 즐겨 마시는 사람도 많았기 때문에, 인도에서도 도시를 중심으로 많은 선술집이 있었다고 봐야 한다.[37]

현재 인도에는 선술집이 매우 적다. 독립을 이끌었던 간디1869~1948의 영향 때문이다. 간디는 금욕주의자였고 음주를 혐오했다. 그가 이끈 인도국민회의는 금주를 원칙으로 했다.[38] 따라서 현재 인도에 선술집이 적은 것은 종교적이라거나 전통적인 이유라기보다 독립운동의 과정에서 생긴 현상으로 이해해야 한다.

제 5 장

중국과 한국의
선술집

이번엔 동쪽으로 더 이동해 중국과 한국의 선술집을 살펴볼 것이다. 중국의 선술집은 한대漢代에 처음 등장했고, 송대宋代에 본격적으로 발전했다. 같은 시기에 서민 문화인 다관茶館이 정착되었다. 다관은 차를 마시는 장소였지만, 술을 팔기도 했다. 이 두 가지 형태의 음식점은 공존하며 발전했다.

그러나 중국에선 선술집보다 다관이 유럽의 선술집이 담당했던 여러 기능을 담당했다. 원래 선술집도 자기 나름의 기능을 담당했지만, 다관에 미칠 수는 없었다. 중국의 다관은 이슬람권의 카페와 비슷했지만, 카페가 사교와 엔터테인먼트, 매춘의 기능을 했던 것에 비해, 다관은 유럽의 선술집처럼 커뮤니티 센터의 기능도 겸하고 있었다.

물론 중국의 선술집과 다관은 도시 문화를 대표했다. 선술집이 주요 도로에 숙소를 겸해 세워졌지만, 농촌에는 없었다. 더불어 19세기까지 중국 농촌에는 화폐경제가 침투하지 않았다.

한국에선 무상 접대의 정신이 강해 화폐경제의 침투가

늦어졌기 때문에 20세기에 들어서야 선술집이 본격적으로 발전하기 시작했다.

은나라의 술잔

술의 원료가 되는 쌀의 원산지는 인도와 중국에 걸친 산악 지대이다. 기원전 5000년경에 양쯔 강 유역에는 벼농사 문화가 꽃폈다. 한편 황허문명은 기장, 조, 수수, 보리 등을 재배했고, 멋진 토기를 남겼다. 쌀과 곡물의 재배는 술의 양조와 직결된다. 따라서 중국에선 오래전부터 양조 기술이 개발되었을 것이다. 황허 유역에서 발굴된 기원전 4000년경의 유적에서 주기酒器가 출토된 것은 어쩌면 당연한 일이다.[1]

중국의 농경과 양조의 기원은 그보다도 훨씬 거슬러 올라갈 가능성도 있다. 미국 연구팀은 허난 성에서 발굴된 기원전 7000년경의 토기에서 술의 찌꺼기를 찾아냈다. 쌀, 포도, 꿀 등의 성분이었다.[2] 이것이 사실이라면, 중국의 벼농사와 양조의 기원은 상당히 앞당겨진다.

중국 최초의 왕조는 은나라기원전 1700~기원전 1070이다. 그러나 베일에 싸인 하나라가 기원전 2000년 이전에 존재했고, 도시의 성립이 기원전 2500년까지 거슬러 올라간다고 밝힌 연구자도 있다.[3] 은나라에선 청동기 문명을 바탕으로 신권정치가 이뤄졌는데 이때 신에게 술을 올렸다고 한다. 이는 다른 문명권에도 비슷하게 나타났다. 은나라와 주나라기원전 1070~기원전 256 시대의 것으로 보이는 청동제 술잔이 많이 발견된 것으로 봐도 중국의 술 역사는 상당하다고 봐야 한다.

중국에서도 처음엔 여성이 술을 양조했다고 한다.[4] 여성이 양조를 담당했다는 사실은 고대 오리엔트와 일본도 마찬가지이다. 다만 은나라와 주나라는 황허 유역의 왕조였기 때문에 당시 술은 쌀로 된 술이 아니라 다른 곡물로 빚었을 것이다. 보리 재배가 기원전 2700년경에 시작되었다고 하니, 그 이전에는 기장과 조로 된 술이 만들어졌다고 봐야 한다.[5] 기후상으로 화난 지역만이 벼농사에 적합했기 때문에 쌀로 빚은 술이 중국 전역에 보급된 것은 아마도 최초로 중국을 통일했던 진나라기원전 221~기원전 210 때였을 것이다.

중국에선 주나라 때부터 원시 화폐의 흔적이 있는데, 기원전 6세기경의 춘추시대에는 포전布錢과 도전刀錢이 유통되었고, 전국시대기원전 403~기원전 221에는 엔전円錢이라는 청동 화폐가 등장했다.[6] 이로써 기원전 6~5세기경부터 중국에선 화폐경제가 존재했으리라 여겨진다. 이것은 서구의 화폐경제 시작 시기와 거의 겹친다. 그러므로 중국에서도 이 시기에 숙소와 선술집이 등장했을 가능성이 높다.

전한 시대기원전 202~기원후 8 중기에 선술집이 있었던 것은 확인된 사실이다.[7] 이 시기의 각 도시에 선술집과 요리점이 생겼다. 만리장성의 각 관문에도 음식점이 생겼고, 이 음식점은 군인들과 북방 이민족과 거래했던 상인이 이용했다. 그러나 이들이 북방 이민족과 거래할 때 화폐를 사용하진 않았다. 화폐는 숙소와 선술집에서 한족 간에 사용했을 것이다. 중국에서는 금은화가 아닌 청동화가 화폐로 유통되었다.[8]

고대 중국에선 민중이 모여 술잔치를 벌이는 것을 금지했다. 한나라 시대의 초기 법률에는 "세 명 이상이 특별한 이유 없이 모여서 술을 마시면 벌금 4량"이라는 규정이 있었다. 하지만 왕조의 교대, 황녀의 결혼 등 국가의 경사 때에는 민중에게도 연회가 허용되었다.[9] 따라서 이 시기의 선술집의 손님은 주로 귀족과 부유한 상인이었다.

시선 이백

다른 문명권과 마찬가지로 중국에서도 문학작품을 통해
술과 선술집의 흔적을 발견할 수 있다. 누가 뭐래도 술을
사랑한 이는 당대唐代, 618~907의 시선詩仙인 이백李白, 701~
762이다. 이백은 주선酒仙이라고도 불렸을 정도로 술을 찬
미하는 노래를 많이 남겼다.[10]

소년행少年行

오릉五陵의 소년이 금시金市의 동쪽을 지날 때
은 안장의 백마 타고 봄바람을 건너네
지는 꽃을 지그시 밟고서 어디서 놀러가나
웃으면서 들어가네 호희胡姬의 술집酒肆으로

오릉은 전한 시대 황제의 다섯 개 능묘이다. 당시에는
이곳을 중심으로 번화가가 형성되어 있었다. 하지만 당나
라 시대에는 이미 황폐해져 이백은 과거의 회상에 잠긴다.
요컨대 이 시는 도시 장안의 젊은이가 주사酒肆, 즉 선술집

에 가는 장면을 묘사했다. 호희胡姬는 서역중앙아시아의 위구
르족의 딸이었는데, 술을 따르는 여자였을 것이다.

금릉의 술집에서 이별하다金陵酒肆留別

버들꽃에 바람이 부니 주점에 향기가 그윽하고
오나라 미인은 술을 따르며 손님더러 맛보라 권하네
금릉의 자제가 와서 서로 배웅하니
떠나려 하나 차마 떠나지 못하고 각자 술잔만 비우네
그대여, 물어보아요 동쪽으로 흐르는 강에
강물과 석별의 정 중에 어느 것이 더 길고 짧은지

금릉金陵은 현재의 난징을 가리킨다. 금릉의 젊은이들이
마중 나와 떠나려는 이백과 술을 주고받으며 헤어짐을 슬
퍼하는 노래이다. 이 시에도 선술집을 주사酒肆라 부르고
있다. 그 외에 이백은 선술집을 주루酒樓라 표현하기도 했
다.[11] 이백과 더불어 시성인 두보는 친구 이백을 "장안長安
의 술집에서 잠들다."[12]라며 애도했다고 한다.
　어떻게 불렀든 간에 당나라의 도시에 선술집이 상당했
음을 알 수 있다. 당의 수도 장안에는 선술집, 식당, 서역의

음식점까지 있었다고 한다.[13] 따라서 서민 선술집이 꽤 생겼으리라 짐작할 수 있다. 또한 이백의 다른 시에서는 도로 부근에 숙소선술집도 있었다는 것을 알 수 있다. 당시의 선술집은 깃발을 걸었는데, 이것이 간판이었던 것이다.[14]

중국의 포도주와 증류주

중국의 대표적인 증류주는 쌀을 주원료로 한 황주黃酒이다. 일본에서는 산지의 지명을 따 '쇼코우슈紹興酒'라 부른다. 재미있게도 포도주를 노래한 시가 있다. 이백보다 먼저 태어났던 왕한王翰, 687~726의 시를 소개한다.[15]

양주의 노래凉州詞

감미로운 포도주를 백옥의 술잔으로
마시려니 말 위의 비파소리가 출정을 재촉하네
취한 채로 모래 위에 드러누워도 그대는 웃지 마라
예부터 전장에 나가 살아서 돌아온 사람이 몇이더냐

명나라의 왕세정王世貞은 이 시를 극찬했다고 한다.[16] 《한서漢書》의 〈서역전西域傳〉에 의하면, 서역위구르족과 카자흐족이 산 지역으로, 그들은 11세기경에 이슬람교도가 되었다에서 포도주를 마셨다고 한다.[17] 서역의 술이 한나라로 유입되었기 때문에 한나라 시대에 와인이 존재했을 가능성이 있다. 그러나 왕한

이 말하는 포도주는 와인과는 달랐던 것 같다. 12세기 초 송나라 때에 지은 저서에서 찐 쌀에 포도즙을 섞어서 양조한 것을 포도주라고 했기 때문이다.[18] 그 뒤 중국에서는 포도주 문화가 정착되지 않았다. 기후가 포도 재배에 적합하지 않았기 때문이다.

원나라1271~1368 때 증류주가 서역에서 전래했다는 설, 이미 당나라 때 존재했다는 설문헌에 소주라는 말이 나온다, 혹은 남송1127~1279 때라는 설도 있다.[19] 어쨌든 증류주는 아라비아에서 넘어왔다. 증류주는 제조가 어려워 시장에 나돌지 않았다. 중국의 증류주를 백주白酒라고 하는데, 옛날에는 지배층만이 마셨지만 20세기에 들어 서민도 마시게 되었다. 중국 고급술의 대명사인 모태주茅台酒도 그리 오래된 것은 아니다.

송대의 선술집

당나라의 도시에서 시장은 낮에만 영업할 수 있었다. 무허가 선술집도 있었지만, 선술집의 야간 영업은 금지되었다. 왕조가 바뀌어 상업이 한층 번성했던 송대宋代, 960~1279에 이런 규제가 풀어졌다. 대도시에 음식점이 급증했고, 밤중에도 영업을 했으며 야시장도 번성했다. 큰 요정料亭에서는 무희가 시중을 들었다. 자연히 선술집의 수도 늘었다. 허난河南 성의 카이펑開封 시에 있는 큰 선술집만 해도 72곳이나 되었고, 중소 규모의 선술집도 무수하게 존재했다고 한다.[20]

다음의 시는 남송 시대의 문인인 범성대范成大, 1126~1193의 작품이다.

돌아가는 밤길夜歸

가마가 긴 거리를 삐걱삐걱 달리고
청명하게 부는 바람에 취몽이 감돈다
구불구불한 거리에 소리 없이 닫히는 문

등불이 지금도 주로酒壚를 밝히네

이 시는 도읍지의 선술집을 노래한 것이다. 여기서 가마
竹輿는 대나무로 만든 것으로 송대의 택시였다.[21] 주로酒壚
는 선술집을 가리킨다. 선술집에 등이 켜져 있어 술을 계
속 마셨던 듯하다. 밤에도 선술집이 열려 있었다는 것을
알 수 있다. 그 뒤로도 선술집은 계속 발전했다. 예를 들어
청나라 때는 난징에 600~700곳의 선술집이 있었다고 한
다. 그리고 아마도 베이징에는 더 많이 있었을 것이다.[22]
　덧붙이자면 12세기 초인 북송 시대에 세계 최초로 술을

증기로 찌는 가열살균법이 발명되었다. 증기를 이용했다는 점에서 술에 직접 불을 가하는 파스퇴르의 저온살균법과는 다르다.[23]

　중국에서도 유럽과 같이 선술집을 천박한 장소로 여겼을까. 상류층이 무상 접대의 원칙을 가졌다면, 당연히 그랬을 것이다.

사원과 다관

다관茶館은 선술집과 더불어 민중의 쉼터였다. 중국사 연구에서도 선술집보다도 다관 연구가 훨씬 많이 진행된 듯하다. 여기서는 선술집 문화와 관련해 그 일부를 소개하고자 한다.

차의 원산지는 중국의 윈난雲南 성이다. 한방약의 신, 신농神農이 차를 발견했다는 전설이 남아 있다. 차는 처음에 약용이었지만 전한 시대부터 음료로 마시게 되었고, 이후 상류층의 고급 기호품이었다.

당나라 때는 불교 사원에서 차를 마셨다. 이는 이슬람 세계의 커피와 같다. 예불 때 각성 효과를 불러왔다. 사원은 민중의 모임 장소이기도 했다. 커뮤니티 센터였던 유럽의 교회나 이슬람권의 모스크와 중국의 절이 유사한 기능을 했다는 것은 흥미로운 지적이다. 그런데 이와 비교할 때 유럽에선 이후 이 기능이 선술집으로 옮겨졌지만, 중국에서는 과연 어떻게 되었을까. 선술집이나 다관이 그 역할을 이어받게 되었을까.

송대에 들어 민중도 다관을 널리 애용했다. 청대 말기까

지 술과 식사를 내는 다관도 있었다.[24] 이렇게 된다면, 다
관도 선술집의 범주에 넣을 수 있다.

다관과 도시 문화

다관은 단순히 얘기를 나누거나 시간을 보내는 장소는 아니었다. 비즈니스 모임, 혼담과 직업 알선, 민사 법정의 장소이기도 했다. 도박, 아편, 매춘과 장물의 거래도 이뤄졌다. 예인은 연극과 곡예, 강담 등의 예능을 제공했다. 예를 들어 예인은 연단에 서서 《삼국지연의三國志演義》와 《수호전水滸傳》을 유쾌하게 들려주었고, 남녀 예인이 삼현, 비파, 월금月琴 등을 연주하면서 남녀의 애욕을 노래했다.

그리고 다관의 여성 출입은 금지되었지만, 실제로는 묵인되었다. 다관에 왔던 여성은 예인이나 매춘부였을 것이다. 다관은 신해혁명 때엔 지사의 정보 센터가 되었으며, 이곳에서 비밀결사 집회도 열렸다. 선술집에서 모이려면 다관의 두 배 정도의 비용이 들었다고 하니, 민중에게 다관이 얼마나 중요했는지 알 만하다.[25]

이렇게 보면 선술집보다도 오히려 다관이 유럽의 선술집에 필적하는 복합 기능을 지녔다고 할 수 있다. 다만 다관에선 유럽의 선술집과 같이 축제와 관혼상제의 연회가 열리지 않았다. 선술집과 마찬가지로 중국 농촌에는 다관

그림31 다관茶館.
(《북경풍속도보北京風俗圖譜》)

이 없었다. 이는 어디까지나 도시의 문화였다. 19세기에 들어 중국 농촌도 현물경제에서 화폐경제로 이행하기 시작했다. 청대의 토지 매매를 연구했던 한 연구자는 명나라와 청나라 시대의 토지 매매가 지주와 소작농, 지주와 지주, 자작농과 소작농 간에 이루어졌다고 했다.

농민은 생산한 농작물을 시장에 팔아서 화폐를 얻었고, 토지 매매에 그 화폐를 이용했다. 그러나 그 외의 농민 간의 거래는 현물로 이루어졌다. 이는 19세기까지의 거래가 대부분 곡물로 이루어졌다는 것을 뜻한다.[26] 이는 농촌 내에서도 화폐로 거래했던 독일과는 아주 다른 점이다.

그렇다면 농민은 어디서 술과 차를 마셨을까? 축제와 관혼상제의 연회는 어디서 열렸을까? 농민은 집에서 차와 술을 마셨다. 연회도 집에서 열었다. 연회에 필요한 물품은 작물을 시장에 팔고 돈으로 바꿔서 구매했다. 이는 이슬람권과 비슷했다. 농촌에서는 사원이 커뮤니티 센터였고 그곳에서 축제와 관혼상제를 열었다. 도시의 사원도 그랬을 것이다.

어디까지나 추측이지만, 중화민국의 성립, 군벌 난립, 중일전쟁을 거쳐 1949년 중화인민공화국의 성립에 이르기까지 다관의 전통적 기능은 존속했을 것이다. 덧붙이자면, 현대 중국어로 쥬쟈酒家는 레스토랑을 가리키고, 선술집을 뜻하는 거주옥居酒屋은 일본에서 역수입된 말이다.

한국의 가양주 문화

간단하게 한국을 살펴보려고 한다. 한국은 유교의 원조인 중국 이상으로 유교의 영향을 많이 받았다. 그 영향 때문인지, 혹은 체제 유지 때문인지 조선1392~1910 왕조는 화폐경제에 부정적이었다. 그래서 음식점과 선술집은 거의 발달하지 않았다.[27] 반대로 말하자면 무상 접대의 정신이 뿌리 깊게 존속했었다는 것이 된다. 무상 접대는 고대부터 이어져온 세계 공통의 윤리였다. 화폐경제가 광범위하게 침투했던 유럽에서도 이 정신이 근세까지 남아 있었다. 화폐경제가 거의 침투하지 않았던 한국에서 무상 접대의 정신이 강했던 것은 당연했다.

선술집의 성립이라는 관점에서 본다면 고려918~1392 시대에 불교 사원에서 차를 재배했고 술을 빚었다. 절에서 빚은 술은 팔기도 했다. 조선 시대에 국교가 불교에서 유교로 바뀌면서 차 문화가 쇠퇴했고, 중국과 같은 다관은 등장하지 않았다. 그러나 술 문화는 남아 있었는데, 민중의 술은 막걸리였다. 현재 많이 마시는 소주는 원나라 시대에 전해진 것으로 당시의 고급술이었다. 막걸리를 여과

하면 청주약주가 되는데, 상류층만이 이 술을 마셨다.[28] 그런데 왜 유럽과 같이 사원의 기능이 선술집으로 이전되지 않았을까?

그 원인은 가양주家釀酒 때문이다. 한국은 오랫동안 자급자족에게 문화 속에 살았다. 서울 등 몇 개의 도시에만 상품경제가 존재했을 뿐이다. 나머지 대부분의 지역은 자급자족 사회였다. 음식, 의류, 된장, 간장, 술 등도 자급자족이었다. 그렇게 집에서 빚은 술을 가양주라 한다. 술 빚기는 가정주부에게 중요한 일이었다.[29] 1970년대까지만 해도 한국 농촌은 먹을거리에 한해서는 자급자족 사회였다. 조금 여유가 있는 집안은 시장에서 생선 등을 샀지만, 음식을 사 먹는 습관은 좀처럼 없었다. 된장, 간장, 막걸리도 직접 만들어 먹었다.[30] 한국인은 무상 접대를 소중히 여겼고, 돈을 받고 음식을 제공하는 영업을 천박하다고 생각했다.

주막

그렇다면 선술집은 아예 없었을까? 본격적인 선술집은 1900년 전후에 등장했다.[31] 게다가 서울과 평양 등 소수의 도시에만 선술집이 생겼다.

한국에 오래전부터 있었던 선술집은 주막이다. 원래는 도시와 도로 부근의 숙소였는데, 여기에서 술을 마시거나 간단한 식사를 해결할 수 있었다. 주막은 시장이 서는 장소, 주요 도로, 선착장, 광산 등에 있었다. 주막에는 술을 따르는 매춘부도 있었다고 한다. 숙박은 무료였고, 음식과 술값만 받았기 때문에 잠자리는 무상 접대였다. 주막이 15세기경부터 있었다고 하지만, 아마도 처음에는 민가에서 무상 접대의 정신으로 여행자에게 숙박과 음식을 제공하면 손님이 담보물도시에서 화폐. 지방에서 현물을 놓고 가는 정도였을 것이다.

1894년부터 1897년까지 조선을 네 번 방문했던 영국인 이사벨라 버드Isabella L. Bird의 《조선오지기행朝鮮奧地紀行》에도 이러한 모습이 그려져 있다.

술을 파는 곳에 이전에 영국에서 비슷한 목적으로 쓰였던 선술집의 담쟁이 간판을 닮은 것이 있다. 지붕에서 원통형의 용기가 긴 장대로 이어져 늘어져 있다.[32]

이것이 주막이다. 원통형 용기라는 것은 소쿠리를 말한다. 또한 그녀는 오래된 불탑 옆에서 취해 있는 남자도 보았다. 그녀는 이곳이 절터였다고 추측했다. 즉 한국에서도 사원이 커뮤니티 센터와 관혼상제 연회의 장소였다는 것을 시사한다.

주막 외에도 목로주점, 내외주점, 색주가라는 세 가지 형태의 선술집이 있었다. 목로주점은 서서 마시는 곳이었다. 언제부터 존재했는지는 분명하지 않지만, 서울 등의 도시에서만 존재했다. 내외주점은 서울의 귀족 미망인이 경영했다. 색주가는 젊은 여성이 술을 따르고 손님을 즐겁게 하는 선술집이었다. 원래 서울에는 이러한 선술집이 없었지만, 18세기 초에 청나라의 영향으로 서울에도 생기기 시작했다. 내외주점에서 갈라져 나왔다는 설도 있지만, 세 유형의 선술집 모두 일본 식민지 시대1910~1945에 등장했다는 의견도 있다.[33] 어쨌든 내외주점과 색주가는 서울의 귀족만을 위한 것이었고, 서민은 주막이나 목로주점에서

마실 수 있었다.

아무튼 몇몇 도시와 주요 도로에만 선술집_{주막}이 존재한 것은 사실이다. 식민지 시대에 본격적으로 화폐경제가 침투하면서 전통 가양주는 사라져갔다식민지법에 의해 가정에서 술을 담그는 행위가 금지되었다-역자 주. 최근에는 전통주가 부활됐고, 선술집도 일본보다 성황을 이루는 듯하다.[34]

제6장

일본의
선술집

비유럽 문명권의 마지막을 장식하는 것은 극동에 위치한 일본이다. 일본에서도 선술집이 화폐경제의 성립과 함께 등장했지만, 처음에는 상류계급만을 위한 장소였다. 15세기경에 서민의 선술집이 등장했고, 에도江戶 시대에는 선술집이 본격적으로 발달해 유럽과 맞먹을 정도로 번성했다. 그러나 다른 비유럽 문명권과 마찬가지로 일본에서도 선술집은 도시 문화였고, 농촌에는 거의 없었다.

18세기 후반에 이르러야 농촌에도 선술집이 등장했고, 바쿠후幕府 말기에는 상당히 발달했다. 에도 바쿠후는 화폐경제의 농촌 침투를 우려했는데, 이는 농촌 선술집이 지연되었던 원인 중의 하나였다. 또한 오락과 매춘을 제외하고는 유럽과 같은 복합 기능을 갖추지는 못했다. 커뮤니티 센터의 기능이나 축제와 관혼상제의 연회는 신사와 절에서 이루어졌다.

일본의 주신

일본 열도에 살던 사람들이 쌀로 술을 양조한 것은 언제일까. 벼농사를 짓게 되면서부터였다는 설이 유력하다. 일본의 벼농사 기술은 기원전 4세기경 한반도나 중국 장강長江 하류 지역에서 직접 전해졌다고 한다. 이때는 야요이弥生 시대였다. 그런데 최근엔 조몬繩文 중기에서 말기기원전 2000 ~500 사이에 이미 벼농사를 지었다고 보는 연구가 많다.[1] 조몬 시대에 쌀로 술을 만들었는지는 고고학 자료로도 명확히 알 수 없다.

일본 신화를 담은《고지키古事記》712에는 술에 관련된 이야기와 노래가 많이 등장한다. 따라서 8세기 초라면 양조 기술이 상당히 발전해 있었을 것이다. 733년 지방에서 술의 재료인 쌀을 조세로 징수했다는 기록이 있고, 이를 담당하는 미키노츠카사造酒司, 술의 양조를 담당하는 관청-역자 주 라는 관청도 있었다. 그리고 왕조의 의식에서 술은 빠지지 않았고 게다가 꽤 마셨다.[2]

여기서 흥미진진한 것은《고지키》에 등장하는 스사노오노미코토須佐之男命의 이야기이다.

아마테라스 오미카미天照大御神의 동생 스사노 오노미
코토는 난폭한 행패를 부려 천계에서 추방된다. 하계
로 내려온 스사노 오노미코토는 오케츠히메大気都比売
에게 먹을 것을 달라고 한다. 오케츠히메는 자신의 코
와 입, 엉덩이에서 여러 가지 먹을 것을 내놓지만, 그
것을 더럽다고 생각한 스사노 오노미코토는 오케츠
히메를 죽인다. 그러자 죽은 신의 머리에서 누에, 눈
에서 벼 이삭, 귀에서 좁쌀, 코에서 팥, 음부에서 보리,
엉덩이에서 콩이 나왔다.[3]

이는 농경의 기원을 말해주는 신화이다. 오츠케히메라
는 이름에서 히메比売는 공주, 즉 여신을 뜻한다. 이렇게
해서 스사노 오노미코토는 농경신이 되었다.

그 뒤 스사노 오노미코토는 이즈모出雲의 나라로 간다.
그런데 한 노부부가 소녀를 꼭꼭 숨긴 채 울고 있었다. 왜
우느냐고 물어보자 모두 여덟 명의 딸이 있었는데, 야마타
노오로치八俣の大蛇[4]라는 뱀이 매년 와서 딸을 한 명씩 잡아
먹었다는 것이다. 스사노 오노미코토는 뱀의 형상에 대해
듣고 나서 자기가 아마테라스 오미카미의 동생이라고 밝
힌다. 그러고는 노부부의 마지막 남은 딸과 결혼한다. 스

사노 오노미코토는 노부부에게 진한 술을 빚도록 한다. 그 술로 뱀을 취하게 하여 뱀을 크게 무찌른다.[5] 이 딸도 아마 술을 빚었을 것이다.

이렇게 해서 스사노 오노미코토는 주신酒神이 되었다. 그리스의 디오니소스도 원래 농경의 신이었다. 농경신과 주신이 일치한다는 것은 술과 농사가 겹친다는 것을 암시한다. 고대 오리엔트와 중국에서도 최초의 술은 여성이 빚었다. 일본에서도 최초의 술은 여성이 빚었다고 한다.[6]

한편 《고지키》에는 5세기경 오우진応神 천황 시대에 한반도에서 여러 분야의 기술자가 건너올 때 양조 기술자도 건너왔다고 기록되어 있다.[7] 대륙에서 우수한 양조 기술이 전해졌다는 것인데, 이 기록만을 가지고 그 이전까지 일본에 양조 기술이 없었다고는 단정할 수 없다. 어쨌든 일본에서 양조가 독자적으로 시작되었는지, 대륙에서 전해졌는지는 확실하지 않다.

일본의 화폐경제[8]

화폐경제와 도시의 발달이 선술집 성립의 전제 조건이라면, 일본은 대략 8세기 나라奈良 시대에 이런 조건이 갖춰졌다고 볼 수 있다. 와도우카이칭和同開珍이라는 화폐의 주조가 708년에 일본 최초로 이뤄졌고, 그 이전부터 외국의 통화가 유입되고 있었다. 물론 고대 메소포타미아와 같이 곡물로 거래할 수도 있었다. 당시엔 헤이조쿄平城京에 시장이 섰고 행상도 활동하기 시작했다. 나라 시대에는 절에서 양조를 시작했는데, 이것이 선술집으로 이어졌다. 헤이안平安 시대부터 무로마치室町 시대에 걸쳐 사원과 신사에서 술을 빚었다. 동시에 민간 양조장도 늘었다. 도소우土倉[9] 즉 금융업자가 양조장을 운영했다. 무로마치 시대에는 교토에 342개의 양조장이 있었다고 한다.[10]

《쇼쿠니혼기続日本記》797에는 술꾼 아시하라葦原 왕의 이야기가 나온다. 761년 어느 날, 아시하라 왕은 주사酒肆에서 신하 마로와 술을 마시며 도박을 하고 있었다. 그러던 중 아시하라는 갑자기 화를 내며 마로를 죽이고는 그 허벅지 살을 갈가리 찢어서 육회로 먹고 말았다. 이 일로 아시하라는 유배를 떠났다.[11] 중국 편에서 살펴보았듯이 이 기록에 등장하는 '주사酒肆'는 선술집을 뜻한다.

794년에 성립된 헤이안쿄平安京의 동편과 서편에 각각 공설 시장이 생겼다. 공설 시장에선 술을 팔지 못했지만,[12] 몰래 술을 팔고 마시는 선술집은 있었을 것이다. 당시 궁정에 납품하는 술은 미키노츠카사造酒司에서 만들었다. 양조장의 고객은 절과 신사 관계자, 민간업자, 일반 귀족이었다. 아마도 이런 양조장에서 술을 팔고 마시게 되면서 선술집으로 발전했을 것이다. 그러나 이는 어디까지나 귀족을 위한 것이었다. 서민을 상대로 하는 선술집이 있었다는 기록은 없다.

당시에 상공인 등의 서민이 얼마나 존재했는지는 분명치 않다. 초기 교토 인구의 대부분은 귀족계급과 그 하인이었다. 귀족의 음주와 연회는 기본적으로 저택에서 열렸다. 연회에는 시라뵤시白拍子[13]라 불리는 유녀와 예인도 초대되었다.

811년에는 농민이 생선을 먹고 술을 마시는 것을 금지하는 법령이 발포되었다. 결국 서민은 축제 때에만 술을 마실 수 있었다. 이 법은 기근 대책 차원에서 만들어졌지만, 현실적으로 지켜지기 어려웠다고 한다.[14]

12세기가 되면서 교토 외에도 호쿠리쿠北陸의 쓰루가敦
賀・오바마小浜, 기나이畿内의 우지宇治・요도淀・스이타吹田,
세토나이카이瀬戸内海의 쿠라시키倉敷・오노미치尾道, 큐슈
九州의 하카타博多・가미자키神崎, 토호쿠東北의 히라이즈미
平泉, 간토関東의 가마쿠라鎌倉・가시마鹿島 등 전국적으로
도시가 성립되었다. 다만 이 시기까지는 아직 쌀이나 비단
등 현물화폐의 경제였다.[15]

무사의 술집,
가마쿠라 시대

가마쿠라鎌倉 시대로 접어들면 가마쿠라에서도 교토와 같이 상공업자가 정착하면서 화폐경제가 가동되었다. 이때부터 선술집이 본격적으로 생겨났을 가능성이 크다. 1241년 가마쿠라의 선술집에서 무사들이 술을 마시다 싸웠다는 기록이 있다. 가마쿠라에선 선술집을 '호색가好色家'로 불렀고, 이들 업소는 무사를 상대로 번성했다.[16] '호색가'라는 이름으로 보아 매춘부도 있었을 것이다. 《오처경吾妻鏡》에는 노부나가信長 4년1252 10월, 가마쿠라 전역의 술독 3만 7,274개를 처분하라는 명령을 내렸다는 기록이 있다. 또 《오처경》에 등장하는 구절[17] 중에는 술을 파는 행위를 표현한 부분이 있다. 이는 당시 술을 양조해 팔았음을 알려준다. 가마쿠라는 화폐경제로 움직이는 곳이라 선술집도 당연히 있었다. 이 금령禁令은 술독에 빠진 무사의 기강을 바로 잡으려는 목적도 있었겠지만, 실은 기근으로 쌀 수확이 줄어 쌀을 보호하려는 의도였다. 그러나 이 명령은 그다지 효과를 거두지 못했다.

14세기 전반의 가마쿠라 시대 말기에는 마치야町屋. 서민

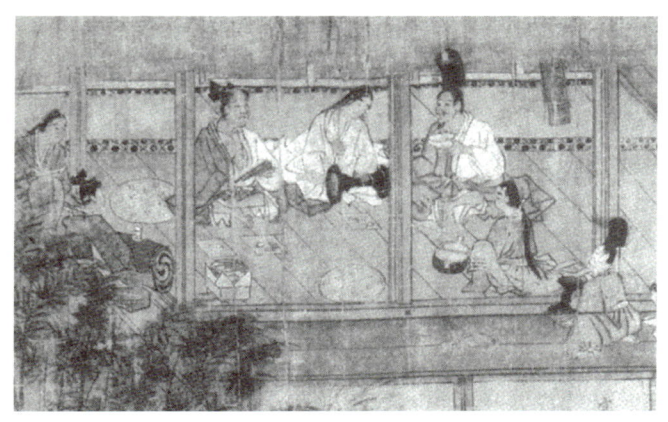

그림33 술을 마시는 무사.
《一遍上人絵伝》

주택가-역자 주가 급증한다. 가마쿠라에만 아홉 곳의 마치야
가 번창해, 상공업자인 쵸닌町人이 역사의 주역으로 등장
한다.[18] 이때 교토를 중심으로 화폐경제가 본격적으로 가
동되었다. 15세기에 이르면 동전 화폐가 널리 유통되기에
이른다고 한다.[19] 그러나 교토, 가마쿠라와 지방 도시를 긴
밀하게 잇는 선처럼 화폐경제가 흘러갔지만, 농촌에는 아
직 동전조차 보급되지 않았다.

　또한 지방을 잇는 도로의 요충지에는 '돈야問屋'라는 도

매상이 자리를 잡고 있었다. 도매상은 그곳에서 물류 업무를 서비스하거나 은행의 역할도 했다. 또한 상업적인 협의나 거래도 그곳에서 이루어졌다.[20] 이곳은 여러 나라를 돌아다니는 상인을 위한 숙소이기도 해서 술도 팔았을 것이다. 이렇게 해서 지배층뿐만 아니라 상인을 대상으로 하는 선술집이 탄생했다.

술의 전성기,
무로마치 시대

무로마치室町 시대에 이르면 술이 큰 인기를 끈다. 이로써 서민을 상대로 하는 선술집이 본격적으로 등장했을 가능성이 크다. 1371년 바쿠후는 교토의 양조장에 세금을 거두기 시작했다. 그 뒤 부호가 운영하는 양조장에서 고정적으로 세금이 들어와 바쿠후의 주요 재원이 되었다. 15세기 초의 교토에는 342곳의 양조장이 있었다. 그중 300곳은 도소우죠조야上倉醸造屋[21]였고, 대부업도 벌이고 있었다.[22] 선술집 주인이 아니라 양조업자가 대금업자였다는 점이 유럽과는 다른 일본만의 특징이다. 서민이 양조장으로 술을 마시러 오면서 서민 선술집이 탄생했고, 그 뒤로는 유럽식으로 발전했다.

1460년 교토 기온祇園의 토지대장에 의하면, 기온 경내에 노송나무 집, 목수, 쌀가게, 염색집, 대장간, 기름 가게, 전병 가게, 빗 가게, 찻집, 양조장 등이 있었다고 한다.[23] 히와다야檜皮屋는 노송나무 껍질로 지붕을 이는 곳이고, 코우야紺屋는 직물을 염색하는 곳이다. 사카야酒屋 외에도 차야茶屋라는 글자가 눈에 띈다. 사카야酒屋는 양조장이었으니,

차야는 술이나 차를 마시는 선술집이 아니었을까. 이는 이 시대에 이르러 선술집이 양조장에서 완전히 분리되었다는 증거이다.

전국시대는 군웅할거의 시대였다. 이것이 각 지방에서 화폐경제를 발전시켰다. 지역의 권력자는 영내의 경제력을 강화하고자 시장을 보호했고, 라쿠이치樂市라는 법을[24] 발포하여 자유무역을 도모했다. 전국에 조카마치城下町, 몬젠마치門前町, 돈야마치問屋町[25]가 세워졌고, 상업이 번영했다. 그래서 전국시대의 각 영내 도시에는 선술집이 꽤 있었을 것이다.

15세기경에 화폐경제가 본격적으로 발전하면서 서민을 상대로 한 선술집도 자리를 잡았을 것이다. 이것은 어디까지나 도시와 도로 부근의 사정이었고, 농촌엔 아직 선술집이 없었다.

일본과 서구의 음주 문화

여기서 흥미로운 문헌을 소개하려는데, 이는 일본에 왔던 루이스 프로이스Luís Fróis, 1532~1597라는 포르투갈의 예수회 선교사가 일본과 유럽의 문화를 비교해서 서술한 소책자다.

프로이스는 1562년에 일본에 와서 오다 노부나가織田信長와 도요토미 히데요시豊臣秀吉를 알현하고, 나가사키에서 65세에 생을 마쳤던 그는 1585년에 포르투갈어로 《일본과 서구 문화 비교》라는 책을 저술했다. 이 책에서 음주를 다룬 부분이 꽤 흥미롭다.[26]

> 유럽인은 식사를 시작하자마자 바로 술을 마신다. 일본인은 거의 식사를 마칠 때가 되어서야 술을 마신다.

이것은 무사의 연회를 보고 나서의 견해일 것이고, 서민이 술을 마시는 방법을 묘사한 것은 아니다.

> 유럽인에게 술을 마시고 정신을 잃는 것은 큰 수치이

고 불명예가 된다. 일본에서는 그것을 자랑스럽게 얘기한다. "토모 씨는 어떠세요?"라고 묻자 "취했다."라고 대답했다.

이것은 순전히 수도사나 예수회의 금욕적인 성직자의 시각이다. 유럽에서도 특히 민중 사이에서는 술에 취하는 것이 오히려 명예였다. 축제 때는 특히 더 그랬다.[27] 그러나 엄격한 성직자들은 그것을 바로잡으려고 했다.

유럽에서 명예로운 시민이 선술집에서 파는 술을 자택에서 팔면 천박하다고 한다. 그러나 일본에서는 크게 존경받는 시민이 선술집에서 술을 사서 개인적으로 팔기도 했다.

'선술집에서 파는 술을 자택에서 판다'는 것이 무슨 뜻인지 정확히는 알 수 없지만, 유럽에서 선술집을 천한 장사로 여긴 것은 확실하다. 이에 비하면 일본에서는 비교적 선술집을 천하게 인식하지 않았지만, 항상 꼭 그렇지는 않았다.
아마도 일본에서 '크게 존경받는 시민'이란 여기서는 양조업자를 가리키는 듯한데, 선술집을 어떻게 인식했는지 하는 것과는 조금 다른 문제였다. 애초에 프로이스는 선술 집에 가지 않았을 것이다.

에도의 번성

에도시대는 1867년 다이세호칸大政奉還, 에도 바쿠후가 정권을 메이지 천황에게 반환한 일–역자 주까지 260년 남짓 이어졌다. 이 시기에 새로운 도시가 건설되기 시작했다. 신흥도시 에도에는 지방 출신의 단신 부임 남성이 많았다. 이 때문에 에도 초기부터 포장마차인 야타이屋台 등 간단한 음식점, 선술집이 많이 생겼다. 중기 이후 에도의 인구는 100만 명을 넘어섰다. 에도에서 음식점과 선술집이 가장 발달했다고 서술한 문헌이 많이 나와 있기 때문에 여기서는 굳이 언급하지 않겠다.[28] 다만 이 무렵에는 전국적으로 도로가 정비되었고 역참 마을인 슈쿠바마치宿場町가 아주 번성했다. 숙소는 선술집이기도 했다. 숙소의 여종업원은 식사 시중을 들고 술을 따르는 매춘부였다. 이러한 모습은 짓펜샤 잇쿠十返舍一九, 1765~1831의《도카이도 도보 여행東海道中膝栗毛》[29]에 익살스럽게 등장하는데, 여기서 주목할 것은 선술집이 지닌 복합 기능이다.

미시마三島 숙소에서 있었던 일이다. 야지로베이弥次郎

兵衛와 키타하치喜多八가 길가에서 아이들에게 자라를 사서 안주 삼아 한잔하려고 생각했다. 그러나 이들은 선술집에 도착하자마자 자라를 까맣게 잊어버렸다. 술과 여자에 한참 빠져 정신없이 놀고 있는데, 갑자기 자라가 나타나 한바탕 큰 소동이 벌어졌다.[30]

엔터테인먼트의 중심,
차야

일본에서도 선술집과 숙소에선 식사와 술을 제공했다. 그
러나 에도시대 중기가 지나면서 다실인 차야茶屋의 형태
를 한 선술집이 발달했다. 15세기 문헌에 이미 차야가 등
장한다. 당시 차야는 차와 술을 내는 가게를 뜻했지만, 실
제로는 주로 술을 제공했다. 그런 가운데 여러 형태의 차
야가 발달했는데, 요리도 하는 료리차야料理茶屋, 연극을
공연하는 시바이차야芝居茶屋, 스모를 하는 스모차야相撲茶
屋 등이 있었다. 그곳에서 손님들은 술, 요리와 함께 엔터
테인먼트를 즐겼고, 매춘부도 샀다. 덧붙이자면 에도의 시
바이차야芝居茶屋에서 막간 도시락마쿠노우치 벤또[31]이 고안되
었다.[32]

에도의 다실에선 엔터테인먼트와 매춘 정도만 제공했을
까. 흥미롭게도 '다치아이차야立合茶屋[33]'라는 곳은 분쟁을
수습하는 중재소였다.[34] 이는 중국 다관茶館이 지녔던 기능
과 비슷하다. 그러나 그 이상의 다른 기능은 거의 없었던
듯하다. 일본의 선술집은 유럽의 선술집과 같은 복합 기능
을 띠지 못했다.

그림34 에도시대의 선술집.
(《狂歌絵入商人尽》)

덧붙이자면 그림34는 짓펜샤 잇쿠의 《쿄카에뉴쇼닌진
狂歌絵入商人尽》이라는 목판 출판물에 수록된 그림이다. 선
술집 즉 이자카야居酒屋는 여러 상업 분야 중 하나로 소개
되고 있다. 이미 짓펜샤 잇쿠의 시대였던 18세기 후반부터
19세기에 걸쳐 '이자카야'라는 명칭이 정착되었음을 알
수 있다.

생계형 선술집

에도시대에도 농민은 축제 때나 관혼상제 때에만 마음껏 술을 마실 수 있었다. 당국에서 축제 때 외에는 음주를 아예 금지했다. 1649년 도쿠가와 이에야스 시대의 에도 바쿠후에 의한 '게이안의 포고문慶安のお触書'[35]에서 농민에게 강제했던 법령은 아래와 같다.

> 담배를 피우지 말 것.
> 술과 차를 사서 마시지 말 것.
> 항상 잡곡밥을 먹으며 쌀을 너무 많이 먹지 말 것.

물론 농민이 이 모두를 충실하게 따랐을 리는 없겠지만 말이다.

에도시대에는 에도는 물론 지방 도시와 도로의 역참마을인 슈쿠바마치宿場町에 선술집이 번성했다. 그렇다면 농촌에서는 선술집이 성립되지 않았을까? 앞에서 언급했던 《도카이도 도보 여행》은 1802년에서 1822년까지 여러 번 출판되었다.[36] 미시마 숙소 이야기에서 야지로베이弥次郎兵

衛와 키타하치喜多八는 아이들에게 24몬文을 주고 자라를 구했다. 이로써 19세기 초에 도로 부근의 농촌에도 화폐경제가 보급되었다는 사실이 명백하게 드러난다.

도치기栃木 현의 시골에선 17세기 후반, 이미 큰 거래에 화폐가 쓰였다.[37] 상인뿐만 아니라 농민도 화폐로 거래했다. 다만 일상품의 거래는 물물교환으로 이루어졌다. 그렇다면 농촌 선술집은 언제 등장했을까. 여기 두 개의 재미있는 사료가 있다. 하나는 안세이安政 2년1855의 사료이다. 시모자와下沢 마을의 촌장이 네 명의 선술집 일동에게 내린 지시는 다음과 같다. 만약 그것을 위반하면 선술집에 휴업령을 내렸다고 한다.[38]

1. 1인당 한 홉한 되의 10분의 1로 약 180밀리리터에 해당-역자 주 이상의 술을 팔지 말 것.
2. 마을 사람이든 외부인이든 세 명 이상이 모인 술자리에는 일절 술을 팔지 말 것.

또 하나의 사료는 그다음 해인 1856년에 작성된 것이다. 어떤 마을의 서민이 술을 도매로 팔지 말라는 바쿠후 관리의 금지령 때문에 생계가 어려워져 조합 일동이 종전

과 같이 선술집 영업을 허락해달라고 부탁했다는 내용이다.[39]

이 두 가지의 사료에서 알 수 있는 것은, 우선 바쿠후 말기에 이르면 선술집이 번藩과 바쿠후의 통제를 받으며 제도권으로 편입되었다는 점이다. 다만 불법 선술집의 증가로 지역 경제를 위협하게 될 때 단속과 통제를 받았다. 첫 번째 사료에서 시모자와 마을 사람 네 명이 선술집 일동을 조직했을 정도라면 마을에 선술집이 많았다고 볼 수 있다. 두 번째 사료에서 다섯 명의 조합 일동을 포함한 마을 사람들이 선술집에 애착을 가졌고, 농민이 생계형 부업으로 선술집을 운영했다는 사실도 알 수 있다.

이로써 18세기 후반부터 일본 농촌에 화폐경제가 자리 잡게 되면서 이 시기에 농촌 선술집이 꽤 운영되었음을 알 수 있다. 바쿠후 말기에 이르면 단속과 통제를 해야 했을 정도로 선술집이 증가하고 있었다.

그러나 일본 농촌의 선술집의 기능은 유럽과 약간 달랐다. 유럽의 선술집은 축제와 관혼상제의 연회를 맡게 되면서 농민의 커뮤니티 센터가 되기도 했다. 일본에선 농촌과 도시를 가릴 것 없이 자택에서도 연회를 열기도 했지만, 신사와 절을 축제 및 관혼상제의 행사장으로 이용했다. 신사와 절이 민중의 커뮤니티 센터의 기능을 지닌 점에서, 이슬람권이나 중국과 유사하다고 할 수 있다.

에도 바쿠후는 농촌에 화폐경제가 침투하는 것을 두려워했다. 이는 농촌 선술집의 성립이 늦어진 가장 큰 원인이다. 봉건제는 농민의 연공을 기반으로 하는데, 화폐경제가 침투하면 농민의 빈부 격차가 생기고, 이는 봉건제의 붕괴를 불러온다. 화폐경제의 농촌 침투를 막는 것이 바쿠후 정치의 근간이었다. 그러나 18세기 후반에 이 봉건제가 무너지기 시작하면서 바쿠후도 서서히 몰락해갔다.

메이지 이후의 선술집

서양 문화와 더불어 양
주가 들어왔다. 그 대표
가 맥주와 비어홀이었
다. 1899년에 긴자銀座에
'에비스惠比壽 비어홀'이
생겼다. 그러나 당시의
일본 술에 비해 양주가
고가였기에 도시의 부유
층만이 마실 수 있었다.
그 뒤 양주와 더불어 카

그림35 비어홀과 선술집.
(《東京風俗志》)

페와 카바레 등의 서양식 선술집도 들어왔지만, 술과 엔터
테인먼트를 제공했을 뿐이었다. 덧붙이자면 청주와 맥주
의 소비량은 1960년을 경계로 크게 역전되었다.[40] 다시 한
번 강조하자면, 일본의 선술집은 유럽의 선술집이 지녔던
복합 기능은 갖추지 못했다.

제7장

교회와 선술집

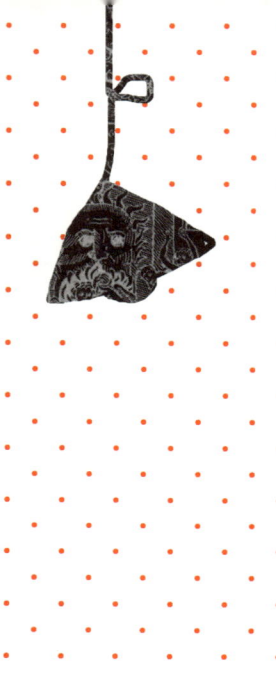

중세 유럽의 교회는 축제와 관혼상제의 뒤풀이 연회를 열고 순례자를 받아들여 무상으로 먹고 마시게 했다. 원래 중세 교회는 성과 속이 공존하던 곳이었다.

그러나 중세 말기, 특히 16세기 종교개혁 때부터 이런 교회의 모습은 비난의 대상이 되었다. 교회는 서서히 성스러운 예배의 공간이 되어갔다. 물론 교회의 세속성은 완전히 사라지지 않고 근세까지 이어졌지만, 교회의 세속적 기능은 대부분 선술집으로 옮겨갔다.

이는 16세기부터 선술집이 급증한 하나의 요인이었다. 이러한 이유로 선술집은 교회 옆에 들어섰다. 결혼식을 마치면 바로 연회를 열어야 했는데, 당연히 교회와 가까워야 했다. 이는 순례자도 마찬가지였다. 순례를 마치면 빨리 쉬고 싶을 것이었다.

유럽의 한 지역에 실제로 교회와 선술집이 회랑으로 연결된 곳이 있다는 거짓말과 같은 이야기를 들은 적이 있다. 교회와 선술집은 원래 같은 뿌리였다. 거기에 하나의 선을 그어 성과 속의 공간으로 갈랐다는 것이 근대 이론이

다. 지금도 교회 옆에 카페, 레스토랑, 선술집 등의 음식점
이 있는데, 이는 역사의 산물이다.

교회의 연회

고대의 사원에서 연회가 열렸듯이 중세에도 교회와 수도
원에서 축제와 연회가 열렸다. 무희의 춤, 악사의 연주, 곡
예사의 묘기가 펼쳐졌다. 예인이 드리는 예배, 즉 재능 미
사와 음주 미사도 열렸다. 교회 안에서 술을 마시고 공연
이 펼쳐졌다. 이러니 예배는 정신없이 치러졌다. 12세기
후반의 한 지식인은 교회가 광란의 장소가 되었다고 비난
했다.[1]

제2장에서 영국의 에일 축제를 언급했다. 이러한 자선
행위도 원래는 교회에서 펼쳐졌다. 그러나 종교개혁 전후
부터 교회의 연회가 비난을 받게 되면서 선술집이 그 기능
을 이어받았다. 앞서 밝혔듯이 유럽에서는 교회의 연회 기
능을 이어받을 공간이 필요했고, 이를 선술집이 대체하면
서 선술집의 복합 기능을 불러왔다고 봐야 할 것이다.

그러나 가톨릭은 민중 문화에 관대한 면이 있었다. 이에
비해 루터와 칼뱅 등의 종교개혁가에게 교회는 어디까지
나 성스러운 공간이어야 했다. 이렇게 해서 종교개혁 전후
부터 선술집이 교회가 지닌 세속성을 이어받게 되었다. 그

그림36 17세기 교회 내부 그림.
(Dürr (ed.), *Kirchen, Märkte und Tavernen.*)

래서 이 시기에 선술집이 급증했다.

이때보다 좀 지난 시대의 작품이 되겠지만, 그림36은 17세기 프로테스탄트 교회 내부를 묘사한 그림이다. 담소하는 사람, 서성거리는 개, 주사위로 도박하는 아이 등이 그려져 있다. 지금으로서는 상상할 수 없는 광경이다. 이 그림에 술을 마시는 사람은 없으나 프로테스탄트 교회에도 세속성이 남아 있었다. 성과 속이 완전히 분리되기까지 얼마나 많은 시간이 걸렸을지 짐작할 수 있다.

선술집이 교회의 기능을 이어받았다는 증거는 또 있다. 교회의 피난 시설인 아질Asyl은 법에서 벗어난 성역聖域이 었다. 범죄자가 도망쳐 와 몸을 의탁하면 치외법권 지역이 되었다. 교회도 마찬가지였지만, 선술집이나 숙소도 아질 이 되기도 했다. 프랑스는 16세기, 영국은 17세기에 아질 을 폐지했다. 독일에는 18세기까지 아질이 남아 있는 지역 이 있었다.[2]

관혼상제와 선술집

중세 스웨덴에는 '세 가지 맥주'라는 말이 있었다. 약혼식, 결혼식, 장례식 때 마시는 맥주를 뜻했다. 이때는 맥주도 의식의 일부였다. 물론 이들 의식은 교회에서 열렸다.[3]

식이 끝나면 교회에서 맥주를 마셨고 축연이 열렸다. 선술집으로 옮기기 전까지는 교회가 관혼상제의 연회장이었다. 교회와 마을 공동체가 맥주와 음식을 무상으로 제공했다. 얼마 안 있어 선술집이 등장했고, 관혼상제의 연회는 이곳에서 열렸다. 다만 선술집은 경제 행위가 일어나는 곳이어서 연회는 유료가 되었다. 중세와 근세의 선술집은 관혼상제뿐만 아니라 교회의 축제나 세속적인 축제 등의 연회를 개최하는 장소였다. 인구가 적은 농촌의 선술집은 평소에는 한가했고, 관혼상제와 축제 때 수입을 올렸다.[4]

에밀 졸라의 소설 《목로주점》은 19세기 후반 제2제정 때의 파리를 그리고 있다. 이 소설의 주인공 제르베즈Gervaise는 남편한테 버림받고 양철 직공인 쿠포Coupeau와 재혼한다. 신랑 신부는 입회인결혼의 증인 네 명과 함께 구청에 가서 혼인 수속을 마치고 나서 교회로 가 결혼식을 올린다. 그 뒤 바로 선술집 '은풍차'에서 한잔한다. 그곳에서 저녁부터 손님들과 만찬을 가졌다는 내용이다. 당시 파리에 호텔이 등장했지만, 하층민의 피로연은 여전히 선술집에서 열렸다.

세례 축하

세례는 그리스도교 공동체에서 신생아를 맞이하는 중요
한 의식이다. 민간 신앙의 세계에서는 아기가 악마에 씌
운 채 태어났다고 여겼기 때문에 악마를 떨쳐버리는 액땜
을 하기도 했다.[5] 여기에는 신생아의 몸을 정화한다는 목
적도 있었다.

영국에서는 맥주에일로 몸을 씻었다.[6] 세례식이 교회에
서 거행되었으니, 세례식 뒤풀이도 역시 교회에서 이어졌
을 것이다.

공업화 이전의 독일 농촌에서는 세례가 끝나면 산파가
아기를 안고 아이 아버지와 대부세례식의 증인, 친척, 마을 사
람과 함께 선술집으로 직행했다. 연회는 대여섯 시간 동안
계속되었다. 대개는 대부 또는 대모가 연회 비용을 부담했
다. 마을의 명사가 대부를 맡는 일이 많았다.

공업화 이전의 프랑스에서도 세례식 뒤에 선술집에서
뒤풀이를 가졌다. 증인을 입회케 했고 선술집 탁자 주위에
서 아이의 입을 열어 시드르Cidre를 한 숟갈 부어 넣었다.
아기는 울음을 터트리고 얼굴을 찡그렸다. 유리잔에 담긴

시드르를 아이의 '성수'라 불렀다.[7] 성수라고 불렀다는 것
은 그 이전에는 교회에서 열린 의식에 쓰였다는 것을 암시
한다.

세 번의 결혼 피로연

19세기까지 독일 농촌에선 세 번의 결혼 연회를 선술집에서 치렀다. 세 번의 연회 중 첫 번째는 약혼식 뒤풀이다. 예비 신랑 신부는 중개인, 증인과 함께 영주 재판소를 찾아가 혼인 청원서와 결혼 계약서 등을 제출한다. 그러고 나면 교회에서 사제의 인도로 두 명의 증인이 참석하는 약혼식이 거행된다.

이 행사가 끝나면 일행은 선술집에서 연회를 벌였다. 양친과 마을 사람도 모여 음악과 춤을 즐기며 먹고 마셨다. 이 첫 번째 연회는 지금의 예물교환 행사와 비슷했다.

그리고 다음 날에는 신부의 혼수품을 나른다. 마차에 쌓인 혼수품을 신랑의 집에 두고 모두 선술집으로 갔다. 이것이 두 번째 연회이다. 저녁에 신부는 빈 마차를 타고 본가로 돌아갔다.

마지막으로 가장 성대한 결혼식 피로연이 남아 있다. 교회에서 의식이 끝나면 신부 행렬은 선술집으로 직행한다. 선술집 주인은 손님 모두와 악수하며 환영한다. 다양한 요리가 차려지고 사람들은 게임을 즐기거나 춤을 추고 악기

그림37 피텔 브뤼겔, 〈농가의 결혼〉, 1568년, 빈 미술사미술관.
그림38 피텔 브뤼겔, 〈농민의 춤〉, 1568년, 빈 미술사미술관.

를 연주하며 즐거운 한때를 보냈다.

연회는 정오부터 저녁 6시까지 이어졌다. 신랑 측에서 비용을 부담했지만, 손님도 축의금을 냈다. 물론 축의금을 내지 않는 빈농도 초대되었다. 피로연은 공동체의 축제였기 때문이다.

그림37과 그림38은 브뤼겔Bruegel의 유명한 그림 〈농가의 결혼〉과 〈농민의 춤〉이다. 〈농가의 결혼〉은 예식 피로연을 그린 것이다. 그림 속의 장소는 불분명하지만, 선술집이나 선술집의 헛간으로 짐작된다.

앞선 장에서 설명했듯이 선술집은 농가의 부업이었다. 〈농민의 춤〉에는 선술집을 나타내는 깃발이 그려져 있는데, 선술집이나 선술집 앞 광장에서 각종 연회를 열었다는 것을 보여준다.

에밀 졸라의 《목로주점》에는 연회가 저녁 6시에 시작되었고, 아는 친구들만 불렀던 탓에, 참가자가 각자 나름대로 지루한 시간을 견디려고 고전하는 모습이 그려져 있다. 19세기 도시의 하층 노동자의 새로운 생활 스타일과 전근대 농민의 전통적 풍속의 차이가 행간에 숨어 있는 셈이다.

19세기가 되어서도 프랑스와 독일의 농촌에는 전통적

인 피로연의 형태가 남아 있었다. 프랑스의 노르망디 지방과 손 강la Saône 유역에서는 결혼 피로연이 열두 시간 동안, 때로는 스물네 시간 동안 계속되었다고 한다. 평소엔 좀처럼 먹기 어려운 호화로운 요리가 계속 등장했고, 큰 와인 통이 바닥날 때까지 마셨다.[8]

관혼상제의 연회

죽은 자는 교회 장례식이 끝난 뒤에 교회 묘지에 매장되었
다. 그 뒤 사람들은 선술집으로 몰려가 연회를 열었다. 가
족, 친척, 마을 사람 외에도 장의사, 관을 나르는 이, 묘지
기 등도 초대되었다. 이때는 식사보다 술을 많이 마셨다.
술로 정화한다는 것은 일본과 같다. 독일의 바이에른 지방
에서는 매장되고 나서 7일 뒤와 30일 뒤에 교회에서 미사
가 열렸다. 미사 뒤에 선술집에서 연회를 열었고, 30일 미
사가 끝나면 대연회를 열었다. 이것으로 장례 절차는 끝이
났다. 이렇게 관혼상제의 연회장은 선술집으로 옮겨졌다.

순례 교회와 선술집

고대와 중세 시대는 교회, 수도원, 시료원에서 순례자에게
무상으로 숙박을 제공하는 것이 원칙이었다. 12세기에 이
르자 순례자가 증가했다. 그들은 돈을 내고 숙소선술집에서
자야 했다. 무상이었던 곳도 서서히 돈을 요구하게 되었
다. 예를 들어 13세기를 지나면 수도원과 교회에서 한 곳
이상의 선술집을 경영했다.[9] 이는 무상 접대 정신이 화폐
경제, 상품경제 앞에서 굴복했음을 보여준다. 이리하여 숙
소 겸 선술집은 순례자에게 필수적인 시설이 되었다.

영국의 캔터베리Canterbury 순례는 16세기에 종교개혁으
로 금지될 때까지 꽤 유명했다. 이곳에는 캔터베리의 주교
인 성聖 베킷St. Thomas Becket, 1118~1170의 묘지가 있다. 성
베킷의 고향이 프랑스의 노르망디였기에, 프랑스에서 건
너온 순례자도 많았다. 1203년 캔터베리 대주교 월터 휴
버트Walter Hubert는 캔터베리 순례의 기점이었던 도버 마
을에 순례 숙소를 지어주었다. 영국 각지의 수도원에서는
수도원 인근에 순례 숙소를 마련했다. 순례 숙소는 무상으
로 접대하는 숙박소였다.[10]

그러나 초서Geoffrey Chaucer, 1343~1400의《캔터베리 이야기The Canterbury Tale》1390에는 사우스워크Southwalk에 위치한 유료 숙소가 등장한다.

> 숙소의 주인장은 모두를 반갑게 맞이합니다. 그는 우리에게 곧바로 저녁을 차려주었고, 우리는 최고의 식사를 했지요. 금방 취하는 술이었지만, 아주 기분 좋게 마셨죠. … 우리가 계산을 마치고 나서도 유쾌한 대화를 많이 나누었어요.[11]

위의 대목에 계산하는 장면이 등장한다. 런던 근교에 위치한 사우스워크는 많은 숙소와 유곽이 모여 있는 역촌驛村이었다. 숙소의 주인은 그 마을에 실존했던 유명 인사로 이 소설에서 교양이 있는 인물로 그려져 있다.[12] 초서가 살았던 시대에 이미 순례자를 위한 무상 접대 정신도 퇴색한 것처럼 보인다.

결국, 선술집은 교회에서 파생되어 탄생한 곳이었다. 성과 속이 혼합되었던 교회로부터 선술집이 세속적 기능을 이어받았고, 이렇게 해서 성과 속은 분리되었다.

제8장

매춘과 선술집

비유럽 문명권도 그렇지만, 유럽에서 도시의 선술집은 남성이 모이는 장소였기에 매춘부가 딸려 있었다. 그러나 커뮤니티 센터였던 농촌의 선술집에선 매춘이 어려웠다. 여자와 어린아이를 포함해 마을 사람 전원이 모이는 장소였기 때문이다. 선술집의 매춘은 도시의 문화였다.

중세부터 유럽에선 당국이 매춘을 억제하고 관리하는 공창제도가 발달했다. 그러나 사창이나 무허가 매춘은 항상 존재했다. 도시의 선술집은 사창의 근거지가 되었다.

19세기가 되어서도 선술집의 매춘은 남아 있었다. 20세기에 특히 제2차 세계대전이 끝난 다음 선술집은 술만 마시는 곳이 되었고, 매춘은 금지되었다. 선술집에서 다른 장소로 매춘이 옮겨감에 따라 기능 분리가 이루어졌다.

철학하는 매춘부[1]

고대 오리엔트 시대의 기록을 보면 여성의 세 가지 직업이 소개되어 있다. 무녀, 선술집 여자, 매춘부. 선술집 여자는 때로는 매춘부였다. 고대 문명 시대부터 선술집에는 매춘부가 있었다.

그리스에서 유곽과 선술집은 같은 곳으로 취급받았다. 그리스에는 유곽에 속한 매춘부 외에도 떠돌이 매춘부가 있었다. 그들은 선술집을 근거지로 활동했다. 플루트 주자와 댄서, 곡예사 등의 여성 예인도 매춘을 부업으로 했다.[2] 여성 예인이 활동했던 장소가 선술집이었으니 그들도 선술집 매춘부의 한 유형이었다.

떠돌이 매춘부의 큰 고객은 섬에 정박한 뱃사공이었다. 알렉산드리아 북동쪽의 고대 도시 카노푸스Canopus에는 운하를 오가는 뱃사공을 상대로 한 선술집이 모여 있었다고 한다.[3]

금욕주의자 플라톤은 스파르타의 예를 들면서 "여기선술집과 그곳에 딸린 온갖 쾌락을 극도로 자아내는 것을 조금도 보시지 못할 거예요." 하고 칭찬했다.[4] '온갖 쾌락'에는 물론 매춘이 포함되었을 것이다.

그러나 상류층이 매춘을 멀리했던 것은 아니었다. 철학자 에피쿠로스기원전 342~기원전 271가 가르치는 학원에는 여섯 명의 매춘부가 철학을 배우러 다녔다. 아리스토텔레스와 매춘부 사이에는 아들이 있었고, 소크라테스가 매춘부의 얼굴이 보고 싶어 연설을 중지했다는 바노이에크Violaine Vanoyeke의 증언도 있다.

현대와 달리 고대에는 매춘에 관대했지만, 플라톤은 예외적으로 매춘에 대해 엄격했다. 상류층은 선술집을 경멸했기 때문에 집으로 매춘부와 여성 예인을 불러들였다.[5]

한편, 고대의 사원에도 매춘부가 있었다. 바빌로니아, 이집트, 그리스, 특히 코린트Korinthos 사원에서의 매춘은 유명했다.

고대 로마와
비잔틴 제국

로마의 공공 광장, 특히 포룸 로마눔Forum Romanum에 있던
신전, 집회 시설, 시장, 음식점 등은 정치, 경제, 종교의 중
심지였다. 매춘부의 숙소와 선술집도 거기에 있었다. 유곽
에서도 술을 제공했기 때문에 숙소와 선술집의 경계가 애
매했다. 앞서 로마 시인 호라티우스가 언급했듯이 도시에
만 선술집과 매춘부의 숙소가 있었다. 로마 시대의 여러
도시에 있던 선술집은 매춘의 소굴이었는데, 하층민 손님
이 많이 드나들었다. 매춘부의 대부분은 시리아, 이집트에
서 온 노예였다. 그리스에서도 노예 출신의 매춘부가 많았
다.

 매춘부가 있는 선술집엔 이를 식별할 간판이 있었다. 입
구에 와인과 음식 메뉴 및 매춘부의 요금표, 매춘부의 이
름과 용모를 적은 게시물을 내걸었다. 그리스와 같이 로마
에서도 귀족을 상대하는 고급 매춘부가 있었다. 그러나 그
들은 그리스와 달리 사회적 지위가 낮았고 공개적으로 활
동하지도 못했다. 로마에서도 오리엔트의 영향으로 사원
에서 매춘이 이뤄졌다.[6]

로마엔 모두 열두 곳의 공공 광장Forum이 있었고, 마흔 여섯 곳의 유곽이 있었지만, 선술집이 얼마나 있었는지는 알 수 없다.[7]

유곽과 매춘부를 둔 선술집의 입구에는 노크할 때 이용하는 남근 모양의 장식품이 있었다. 행운을 상징하는 발기한 남근 조형물이 시내 도처에 있었던 것은 드문 광경이 아니었다.[8]

비잔틴 제국에선 콘스탄티노플의 극장 여배우도 매춘에 나섰다. 극장이라 해도 지금과 같은 예술적인 장소라기보다는 가설극장이라고 하는 편이 나을 것이다. 그리스도교 자선 시설에도 많은 매춘부가 있었다.[9] 이곳에서도 술을 팔았으니 선술집 매춘의 한 유형으로 볼 수 있다. 그러니까 본래 선술집에서 매춘이 행해졌다는 것은 의심할 여지가 없다. 또한 그리스도교의 자선 시설에서 매춘이 일어났다는 사실에서 당시 교회가 지닌 성과 속이 혼합된 형태를 이해할 수 있다.

이처럼 고대부터 선술집은 매춘의 장소를 제공했다. 그곳은 주로 남성 손님이 머무는 곳이었기 때문이다. 무상 접대를 명예로 했던 고대사회에서 상업적인 선술집을 천하게 여겼던 것처럼 매춘부, 특히 선술집 매춘부도 천하게

여겼다. 다만 그리스에서만큼은 고급 매춘부를 인정하는
분위기였으나, 시대가 지남에 따라 점차 그들에 대한 평가
가 저하되어 갔다.

공창제도의 기원

선술집의 매춘을 기정사실로 받아들이는 이상 공창과 사창의 구분이 의미가 있을까. 공창의 기원은 기원전 640년경에 등장한 그리스의 솔론Solon으로 거슬러 올라간다. 그러나 본격적인 공창제도는 중세에 등장했다.

14세기에 프랑스 아비뇽Avignon 시는 공영 매춘 숙소를 세웠다. 그밖에도 프랑스의 많은 도시에서 공창을 운영했다. 독일의 아우크스부르크에도 14세기부터 시에서 운영하는 매춘 숙소인 보델Bordell이 있었고, 여주인은 시 당국에 매주 세금을 냈다. 1492년 스페인 말라가Málaga 시에선 공창의 선술집 출입을 금지했다.[10]

공창을 두는 목적은 사창을 추방하는 데 있었다. 그밖에도 성병 억제, 사생아 억제, 세수입 증가를 기대했다. 그러나 당국의 관리에서 벗어난 사창은 없어지지 않았다. 사창은 교회, 시장, 선술집 등 사람이 모이는 장소에 어디든지 있었다. 여자 수도원도 때로 매춘의 소굴이 되었다고 한다.[11] 수도원의 여성이 매춘부였다는 것은 성과 속이 혼합된 최고의 경지(?)가 아닌가 싶다.

그림39 매춘부가 손님의 돈을 훔치고 있다.
(Jankrift, *Hemker, Huren, Handeksherren*. akg-images.)

사람이 모이는 곳이라면

공창제가 있었다고 해도 중세와 근세의 유럽 사회는 매춘에 관대한 편이었다. 실제로 1601년에 스페인의 세비야 Sevilla. 스페인 남부 안달루시아 주-역주의 수도에는 약 3,000명의 매춘부가 있었는데, 공창보다도 사창이 많았다. 사창의 근거지는 선술집이었다.[12]

18세기 파리의 매춘부도 대부분 사창이었는데, 특히 떠돌이 매춘부가 많았다. 경찰에 잡힐 위험이 컸지만, 레스토랑, 상점, 극장이 모여 있는 팔레 로얄Palais-Royal에 매일 1,500명의 매춘부가 모였다. 선술집과 유곽의 매춘부는 최하급에 속하는 부류였지만, 상류층이 이용한 카페와 레스토랑에도 매매춘이 활발했다. 카페에서는 여자 종업원이 매춘에 나섰다. 한 유명한 레스토랑은 매춘 전용 방을 스무 개나 갖춰놓았다고 한다.[13]

그림40 선술집 앞에서
상류계급의 남자가 선술집 여자를 유혹하고 있다.
선술집 입구에 보이는 사람은 아마 매춘부일 것이다.
베른 예술박물관.

20만 명이나 되는
선술집의 매춘부

19세기에 접어들면서 프랑스 당국은 무허가 매춘부를 대대적으로 단속했다. 그러고는 공창을 확대했다. 그런데도 파리 등의 대도시에서는 선술집과 카바레 등에 포스터 광고까지 낼 정도로 사창의 활동이 여전했다. 프랑스는 1882년에 주류 소매를 자유화했고, 그에 따라 선술집이 증가했다. 선술집은 손님을 끌고자 매춘부를 고용했다. 물론 무허가 매춘부였다. 카페와 카바레에서도 무허가 매춘이 성행했다. 보통 카페에선 여종업원을 항상 열 명 정도 두고 있었는데, 당연히 이들은 매춘도 겸했다.[14]

1867년에 이르면 파리에 '여자가 있는 비어홀'이 생겼다. 1872년에 40곳에 이르는 비어홀에 모두 125명의 매춘부가 활동했다. 1893년이 되자 이는 202곳으로 늘었고 종업원도 1,170명으로 늘었다. '여자가 있는 비어홀'은 다른 도시로 번져나갔다.[15] 이같이 선술집의 매춘이 급속하게 증가하자 프랑스 서북부 항만도시인 셰르부르Cherbourg의 모든 선술집은 공창 한 명을 고용할 수 있는 권리를 인정받았다.[16] 1908년 무렵의 프랑스엔 20만 명의 선술집 매춘

부_{사창}가 있었다고 한다.[17]

국토를 통일한 독일은 제국 형법에 따라 1876년에 공창을 합법화했다. 1927년에 성병 퇴치법이 공포되기 전까지 이 규정이 존속했지만 결국 사창의 증가를 막지 못했다. 앞선 장에서 이 시기를 독일 선술집의 전성기라 이야기한 바 있는데, 역시 선술집 매춘도 급증했다고도 볼 수 있다. 19세기 말에 10만에서 20만 명에 달하던 독일의 매춘부는 제1차 세계대전 직전에 33만에서 150만 명까지 이르렀다. 수치 편차가 큰 것은 사창의 수가 현실적으로 파악되지 않았기 때문이다. 공창의 비율은 1퍼센트에 불과했다.[18]

왜 19세기에 들어서 선술집 매춘이 증가했던 것일까. 봉건제도가 붕괴되면서 귀족이 더 이상 집으로 매춘부를 부르지 않았고, 상류층도 밖에서 매춘부를 구했기 때문이다. 그리하여 값싼 선술집에서 고급 레스토랑에 이르기까지 매춘의 소굴이 된 것이다. 이것은 19세기 선술집의 쇼 비즈니스와 관련이 있다.

선술집 매춘의 쇠퇴

제2차 세계대전 중 프랑스를 점령한 독일은 프랑스에 공창을 존속시켰다. 히틀러는 프랑스의 공창을 독일 군인에게 개방했다. 종전 다음 해인 1946년의 프랑스에선 공창제가 정식으로 금지되었고 이탈리아에서도 폐지되었다. 영국에서는 매춘 행위 자체가 범죄는 아니었다. 그러나 매춘부가 길거리에서 손님을 끌어들이는 것은 단속의 대상이었다. 조직적인 매춘업도 범죄 행위였기 때문에 선술집 등에 매춘부를 두는 것도 금지했다. 프랑스에도 선술집 매춘부는 단속의 대상이었다.[19] 독일에서는 매춘이 직업으로 인가되었지만, 일부의 도시에만 매춘부 숙소를 허용했다. 네덜란드는 매춘 행위에 규제가 없는 상태였다. 북유럽과 네바다Nevada 주를 제외한 미국 전역은 매춘이 범죄로 규정되어 있다. 미국에서는 청교도 정신의 영향이 강해 매춘에 법적으로 엄격한 규제가 가해졌다.

선술집과 관련지어 말하자면 오늘날 선술집을 근거지로 했던 매춘 행위는 어느 지역에서나 급속히 감소한 것이 현실이다.

제9장

예인과 선술집

고대부터 근대에 이르기까지 선술집에는 엔터테인먼트를 담당하는 예인이 항상 있었다. 앞서 보았듯이, 중국과 일본 등의 비유럽 문명권의 선술집에도 예인이 있었다. 특히 유럽에서는 다양한 예인이 선술집을 무대로 여러 활동을 펼쳤다. 이 문화는 민중의 생활에 필수적으로 자리를 잡았다. 그 대표가 '의료 예인'이었다. 의료 예인은 '의료 행위'와 '약'을 예술로 포장해 손님을 모았다. 19세기에 이르러서야 의료 행위가 선술집에서 분리되었다.

19세기는 선술집과 예인이 연계되었던 마지막 시대였다. 먼저 엘리트 예인이 예술가가 되어 선술집에서 독립했다. 20세기에 들어서서는 대중 예인도 서서히 선술집을 떠났다. 예인의 활동 무대는 극장, 무대, 서커스, 영화, 라디오, TV, 콘서트홀 등으로 바뀌었다. 선술집은 점차 술만 마시는 장소가 되어갔다.

술과 연극의 신, 디오니소스

그리스의 서정 시인인 핀다로스Pindaros, 기원전 522~기원전 442가 지었던 술의 신 디오니소스 찬가는 춤을 위한 노래였다. 신전은 일종의 극장이었다. 신전과 아고라광장에서 축제를 열어 사람들은 술을 마시고 연극을 펼치고 춤을 추었다.[1] 이렇게 해서 디오니소스는 술의 신인 동시에 연극예능의 신이 되었다.

고대 그리스에서는 극장이나 상류층의 저택에서 열리는 연회에서 연극과 예능이 행해졌다. 상류층의 연회를 '심포시온Symposion'이라 불렀고, 그곳에서 여러 가지 토론이 오갔다. 이는 플라톤의《향연》을 읽으면 잘 알 수 있다. 이 습관이 로마인에게도 계승되었는데, 그것이 플루타르코스Plutarchos의《식탁환담집食卓歡談集》[2]에 잘 표현되어 있다. 라틴어 '심포지엄Symposium'은 그리스어 '심포시온Symposion'에서 온 말이다. 당시에는 한곳에서 철학 토론, 식사와 음주, 예능이 동시에 이루어졌다.

소크라테스의 제자, 크세노폰Xenophon, 기원전 430~기원전 355도《향연》을 썼다. 플라톤의《향연》에 자극을 받아서 쓰지 않았을까 싶다.[3] 플라톤과 크세노폰은 소크라테스를 찬미했다. 플라톤의《향연》은 철학 담론을 더 강조하고 있지만, 크세노폰의《향연》은 연회의 양상을 아주 구체적으로 적고 있다.

크세노폰의《향연》에는 기원전 422년 아테네의 부호 카이아스Callias가 축제[4] 때 열린 던지기 경기에서 승리한 동성 애인에게 베푼 축하 연회가 등장한다. 소크라테스 일행은 처음에 출석할지 망설였지만 칼리아스에게 예의를 다 하려고 참가했다. 연회장은 카이아스의 저택 식당이었다. 그곳에서 아름다운 피리 소녀, 곡예를 부리는 무용수, 그리고 하프와 춤에 능한 미소년의 공연이 펼쳐졌다. 그들이 노예 예인이었다. 크세노폰은 소년이 연주하는 피리와 하프에 맞춰서 노래 부르는 장면을 감상하고는 플라톤의 삼촌뻘 되는 인물인 카르미데스Charmides, 기원전 450~403에게 이렇게 말했다.

소크라테스를 비롯한 모든 이가 술을 두고 한마디씩 하셨던 것처럼, 젊음이 넘치는 아름다움과 음악의 결합도 술처럼 고통을 달래주고 애욕에 눈뜨게 하는 듯 합니다.[5]

크세노폰은 플라톤만큼 금욕적이지 않았을 것이다. 오히려 크세노폰의 《향연》이 당시의 실태를 반영하고 있을지도 모른다. 예인의 선정적인 춤과 술은 섹스로 이어졌을 것이다. 그때만 해도 섹스는 비도덕적인 것이 아니었다.

당시엔 상류층이 비난했던 하류층의 선술집도 역시 예인의 무대였다. 다른 점은 하류층의 선술집에는 철학 담론이 없었던 것뿐이다.

출연료의 기원

고대 예인의 세계는 아직도 많은 의문을 남기고 있다. 그러나 유럽 중세와 근세에 모든 장르의 예인이 선술집을 중심으로 활약했다는 사실만은 변함이 없다. 예인에게 선술집은 공연 무대와 같은 것이었다. 배우, 마술사, 줄타기, 그릇 돌리기, 무용수, 악사, 가수, 교회의 오르간 주자와 같은 예인이 활동했다. 가난한 예인에서 궁정에 속한 엘리트 예인까지 신분도 다양했다. 붙박이 예인은 성공한 사람이었고, 대부분은 떠도는 몸이었다. 궁정에 속한 엘리트 예인은 19세기에 들어서 예술가로 불리게 되었고, 예술사의 한 획을 긋게 된다. 모차르트와 바흐도 예인이었다.

떠돌이 예인은 한곳에 자리 잡지 못했기 때문에 선술집을 전전하며 지내야 했다.[6] 선술집은 임시변통으로 머무는 숙소였다. 이들은 그곳에서 먹고 마시며 예능을 펼쳤다. 예인이 들르는 선술집은 인근에 소문이 퍼져 손님이 찾아왔다. 사람들은 선술집에서 예인을 섭외해서 관혼상제와 축제 때 고용했다.

선술집은 예인들에게 담보물을 받고 숙소와 음식을 제

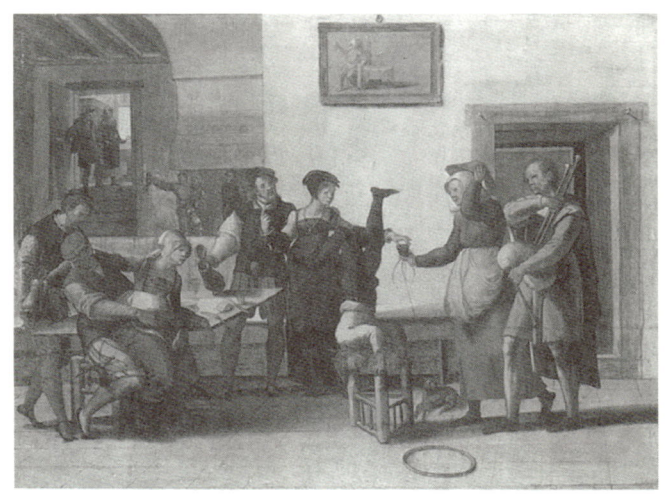

공했다. 출연료를 의미하는 개런티Guarantee를 사전에서
찾으면 담보, 저당이라 되어 있는데, 이는 예인의 담보물
에서 파생된 뜻이다.[7]

　그림41은 16세기의 작품인데, 선술집에서 활동하는 예
인이 그려져 있다. 물구나무서는 소년과 악사도 보인다.
한 여성은 매춘부로 보이는 몸짓을 하고 있다. 이들도 떠
돌이 예인이었을 것이다. 영어로 매춘부인 할럿Harlot은 원

래 떠돌이 예인이라는 뜻이었다.[8]

오늘날에도 많은 연예인이 예명을 쓰는데, 예인도 그랬다. 15세기 독일의 한 예를 보자. '류트Lute[9]를 키는 슈테판Stephan'은 그 이름 그대로 '칭찬해야 할', '기적적인'과 같은, 자신의 능력을 과시하려는 의도가 있었다. '방랑인'은 가난한 예인이라는 것을 내세워 동정을 사려고 붙인 예명일 것이다.

예인의 사회적 지위는 낮았다. 중세와 근세의 독일에서 이들은 무기를 소지하거나 소송할 수 없었다. 길드 조직을 만들 수도 없어서 법의 보호 밖에 놓여 있었다.[11] 16세기 말의 영국 청교도는 떠돌이 예인을 "나라 전체를 서성이고, 지저분하고 무분별하며, 음란한 노래를 태번과 에일하우스, 인 그 외의 공중 모임에서 읊고 노래한다. 더러운 기생충들!"이라 욕했다.[12]

의료 행위와 예능

예능과 의료는 밀접한 관계가 있었다. 예인, 이발사, 걸인, 가짜 의사, 약을 파는 여자, 매춘부가 모여드는 곳은 다름 아닌 선술집이었다.[13] 선술집에선 가짜 의사와 약장사가 예능 수준의 영업을 펼쳤다.[14]

그림42에서 안경을 쓴 외과 의사가 청년의 이마를 절단하고 있다. 뭔가 종양을 자르려고 하는 것일까. 청년의 어머니가 머리를 받치고 있다. 아버지는 오른쪽 구석에서 기도하고 있다. 왼쪽 구석에선 소녀 간호사가 바르는 약을 섞고 있다. 이 의사는 대학 출신의 의사가 아니다. 의사라기보다는 예인이었다. 당시 의료 행위는 예능이었다. 외과 수술은 대부분 욕실에서 이루어졌다. 농촌에는 공중 욕조가 없었다. 고정식이나 이동식 욕실에서 물을 끓일 수 있으면 그곳이 수술실로 변했다. 떠돌이 의사는 치료 효과를 과시해서 손님을 끌었다.

의료 예인의 대표적인 예는 이를 뽑는 의사였다. 그림43을 보면 단 위에서 방금 뽑은 이빨을 보여주는 의사의 모습이 그려져 있다. 관객에게 자신의 예능을 과시하고 있는

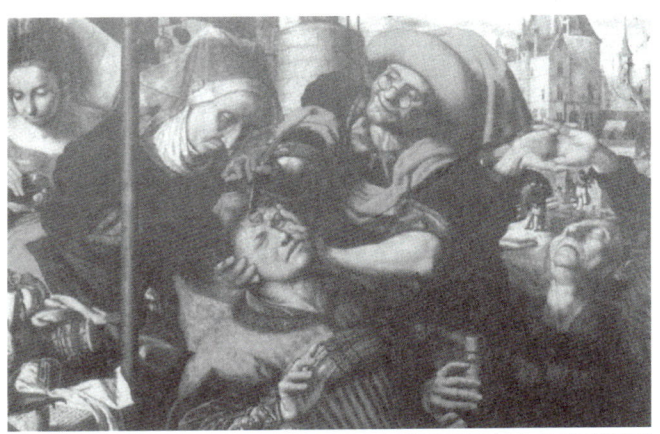

그림42 의료 행위를 하고 있는 외과 의사. 1550년. 마드리드 프라도미술관.
그림43 발치실. 18세기. 피에트로 롱. 밀라노 브레타미술관.

것이다. 아래쪽 아이들은 찬사를 보낸다. 실내이긴 하지만, 선술집으로는 보이지는 않는다. 기둥이 굵은 것으로 보아 교회일지도 모른다. 그러나 그림44의 장소는 선술집의 내부일 가능성이 크다.

독일에서는 '숲의 헨젤', '치과 의사'로 불린 무리와, 그림 파는 사람, 가수 등이 도시나 농촌의 장날이나 축제 때에 나타났다. 그들은 약장사이기도 했다. 가수가 약을 판다는 것이 기묘해 보이겠지만, 당시의 예인은 여러 재능을 갖추고 있었다. 약장사와 의료 행위도 그중에 하나였다. '숲의 헨젤'은 '기름팔이', '약초꾼', '산사람'과 마찬가지로 약초에 해박한 지식을 갖추고 있었다. 그들을 부르는 호칭은 지역에 따라 달랐다.

18세기에 이르면 독일은 법령으로 농촌 의사, 약초꾼, 산사람의 의료 행위를 엄격하게 금지했다. 다만 수의사만은 사람에게 의료 행위를 하거나 약을 팔지 않는다는 조건으로 활동이 인정되었다. 그러나 현실적으로 농촌 의사는 법을 무시했고, 공연하게 사람에게 의료 행위를 하거나 여러 가지 약을 팔고 있었다. 실제로 그들은 약초 지식에 해박했기에 효과를 보는 때도 있었다.

정규 의학과 약학이 자리 잡은 것은 19세기의 공업화

그림44 선술집(?)의 발치실. 17세기. 드레스덴 주립미술관.

이후인데, 그 이전에는 이러한 의료 예인의 다양한 의료 행위와 약이 민중의 질병 치료를 담당하고 있었다. 이들의 주 활동 무대는 시장과 선술집이었다. 선술집에서 의료 행위가 벌어지면, 선술집이 곧 병원이 되었다. 그러다가 19세기 후반에 이르러 농촌에도 정규 의학이 보급되었다.

예술과 대중 공연

19세기가 되어서도 선술집은 엔터테인먼트의 중심지 기능을 유지했다. 아직도 많은 예인이 선술집에서 공연을 했다. 앞서 살펴본 것처럼, 19세기를 지나면서 극장에 음식물 반입이 금지되었다. 상류층을 상대로 하는 예술가의 활동 무대는 선술집에서 극장과 콘서트홀로 옮겨갔다. 한편 음식과 술이 허용되는 대중오락은 영국의 뮤직홀, 프랑스와 독일의 음악 카페와 같은 대형 선술집에서 번성하게 되었다. 뮤직홀과 음악 카페에서는 예인의 쇼와 함께 술, 담배, 매춘이 넘쳐났다. 사정이 이렇게 되자 예술가는 뮤직홀이나 음악 카페에서 활동하는 것을 두려워했다. 자신의 공연을 아무도 듣거나 보지 않았기 때문이다.[15]

프랑스에서 탄생한 카바레는 원래 신진 예술가의 작품을 소개하는 장소였다. 대중오락과 극장 공연의 중간 정도의 공연을 펼치는 시설이었다. 그러나 카바레도 점차 예술성을 상실하며 대중의 퇴폐적인 오락 센터로 전락했다. 뮤직홀, 음악 카페, 카바레는 19세기 후반부터 20세기 전반에 걸쳐 대중오락을 대표했다.

선술집에서 사라진 예인

20세기에 들어서면서 선술집에서 예인이 사라져갔다. 우선 여자 예인의 매춘 행위가 비난의 대상이 되었고, 1930년대까지 여성을 대신해 남성 예인이 주류를 이루었다.[16] 이로써 여성 예인이 선술집에서 모습을 감추었다. 또한 라디오와 축음기의 등장으로 선술집에 악사가 필요 없게 되었다. 선술집이나 집에서도 기계로 음악을 즐기게 되었기 때문이다. 20세기 초에 등장한 영화도 큰 이유가 되었다. 제2차 세계대전 뒤에 등장한 텔레비전은 각종 예능을 빨아들인 블랙홀이었다. 이렇게 해서 선술집에서 엔터테인먼트의 불꽃은 사그라졌다.

제 10 장

범죄와 음모의
선술집

범죄로 말하자면, 선술집은 도박의 온상이었고 폭력 사건도 빈번하게 일어났다. 그러나 살인까지 이르지는 않았고, 큰 사고는 그 나름대로 관리되고 있었다. 절도 건수는 적었지만, 명예를 건 결투나 소송은 자주 일어났다. 선술집의 절도범은 대개가 매춘부였다. 하층민의 범죄율이 높았던 것은 명백했다.

선술집은 진정 반정부 세력의 거점이었을까. 아주 없다고는 못 해도 이는 극히 드물었다. 선술집에서의 일정한 정치 풍자나 권력 비판은 용인되거나 묵인되었다. 한도를 넘을 때에는 고발되는 일도 있었다. 그러나 선술집이 사회 질서의 안정에 공헌했다고 하는 것은 지나친 면이 있다.

지금은 선술집 범죄가 과거와 비교해 거의 없어졌다고 할 수 있다. 이는 선술집의 쇠퇴와 궤를 같이한다.

도박의 온상

선술집은 트럼프와 주사위 도박의 온상이었다. 이 말을 들으면 술을 마시고 담배를 피우면서 포커를 즐기는 남성들이 떠오를 것이다. 16세기에 이미 유럽에선 선술집에서의 도박을 규제하기 시작했다. 예를 들어 1553년에 영국의 레스터Leicester 시에서는 선술집의 불법 도박을 금지했다.[1]

특히 계몽주의 시대였던 18세기에는 규제가 더욱 엄격해졌다. 1784년에는 독일의 바이에른에서 선술집에서의 도박을 금지하였는데, 도박 때문에 절도와 폭력, 신성모독 행위가 자주 일어난다는 것이 이유였다. 그 이전인 1765년에도 비슷한 법령이 있기는 했다. 다만 도박을 무조건 금지했던 것이 아니라 신분, 인격, 자산에 걸맞은 돈이 있다면 용인되었다.

그렇게 공인된 도박을 '쿤스트Kunst'라 불렀다. 일정한 범위를 두고 도박을 용인한 것은 무분별한 확산을 막겠다는 것으로 공창제와 같은 논리였다. 이러한 논리는 머지않아 카지노의 창설로 이어졌다.

폭력의 일상화

도박과 음주는 도시에서는 물론, 농촌에서도 싸움의 원인이 되었다. 그림45에 등장한 남자가 옆 사람을 흉기로 내리치려 한다. 이 싸움은 선술집 도박이 원인이었다. 그림 46의 오른쪽에는 여자끼리 싸우고 있다. 폭력은 남녀를 가리지 않았다.

18세기 독일의 재판 기록은 선술집 싸움의 상세한 모습을 보여준다. 1761년 12월에 일어났던 일이다. 독일 남부 뮌스터Münster 마을의 사원에서 일하는 한 사내는 다른 사내와 마을 선술집에서 트럼프 도박을 하고 있었다. 그러다가 다툼이 벌어졌다. 사원의 사내가 다른 사내를 손으로 때렸고 맞은 이는 피가 났다. 재판부는 사원의 사내에게 벌금형을 내렸다.

1792년 6월에는 일드로프 마을의 선술집에서 랑그와 뎅크르라는 두 남자의 싸움에 여러 친구가 말려든 사건이 일어났다. 랑그가 뎅크르에게 발길질을 당했다고 시비를 건 것이 계기가 되었다. 뎅크르는 발길질을 한 기억이 없다며 랑그를 모독죄로 고소했다. 두 사람은 증인을 데리고

그림45 선술집 싸움. 1630년경. 아드리안 브라우엘. 드레스텐 주립박물관.
그림46 싸우는 여자. 1540년. 베를린박물관 회화 갤러리.

와서 다투었지만, 결국 진상을 알 수 없었다. 왜냐하면 모두 취해 아무도 기억하지 못했던 것이다. 재판부는 뎅크르의 진술을 인정했고, 랑그가 모독죄를 범했다고 결론지었다. 랑그는 뎅크르에게 공개적으로 사죄했다. 게다가 랑그 쪽이 싸움을 먼저 건 것이 인정돼 그의 친구들에게도 벌금이 부과되었다.

더 큰 소동도 있었다. 1781년 6월에 빈켈하우젠Winkel-hausen 마을의 선술집에서 크나프와 리베르가 술을 마시고 도박하다가 싸우기 시작했다. 선술집의 주인이 안으로 들어가 만취한 크나프를 일단 밖으로 쫓아냈다. 리베르는 다른 남자 친구 한 명, 농가의 여자 친구 두 명과 한 시간가량 더 마셨다. 그들은 크나프가 이미 돌아갔다고 생각했다. 그들이 가게에서 나와 마을 언저리까지 왔을 때 갑자기 크나프가 리베르를 습격했다. 숨어서 기다렸던 것이다. 두 사람은 맞붙어 싸웠다. 리베르는 크나프를 손바닥으로 때렸다. 크나프는 숨겨두었던 칼로 리베르를 찔렀다. 리베르의 일행인 친구도 찔렸다. 범인은 도망쳤다. 칼에 찔렸던 두 사람은 다행히 큰 상처를 입지는 않았다. 나중에 재판소에 소환된 리베르와 크나프는 모두 수갑을 찬 채 공개적인 장소에서 굴욕을 당하는 형을 받았다. 크나프가 가해

자였고 리베르는 피해자였으니 현재의 기준으로 보면 미적지근한 판결이었다.[2]

선술집에서는 작은 싸움이 다반사로 일어났다. 때로는 단속의 대상이 되었지만, 그런 경우는 빙산의 일각이었다. 싸움이 일어나면 가게의 불이 자주 꺼졌다. 싸움에 말려들었던 사람들과 가게의 물품을 파손한 범인의 존재를 숨기기 위해서였다. 스위스의 베른Bern 시는 18세기 초에 싸움이 일어날 때 불을 끄는 행위를 금지했다. 독일 바이에른 당국은 위험해 보이는 선술집에 정기적으로 야경을 보내거나 본격적인 순찰을 벌었다.[3]

그리고 18~19세기에는 파리의 선술집이 급증했다. 파리는 선술집 천국이었다. 18세기 파리에는 선술집의 모습을 자세히 알려면 브레넌Brennan의 저작이 도움이 될 것이다. 파리 선술집에는 싸움을 제지하는 안전 요원이 있었다. 파리 경찰도 정기적으로 순찰했다. 당시 파리 경찰은 유럽에서 가장 유능했다. 하층민의 싸움 소동은 확실히 많았지만, 살인에 이르는 경우는 극히 드물었다.[4]

18세기 작가 메르시에L. S. Mercier도 선술집 싸움을 잘 묘사하고 있다.

혼합 포도주에 취한 이들이 싸움을 시작했고, 욕설과 주먹이 날아들었다. 위병이 달려왔는데, 그들이 오지 않았으면 싸움꾼은 서로 죽였을지도 모른다. 하층민은 이러한 위병의 존재에 잘 적응되어 있었다. 이들은 스스로 억제할 수 없었기에 위병이 필요했다.[5]

절도와 명예

선술집의 절도 행위도 문제가 되었다.[6] 18세기에 파리의
선술집에선 식기와 냅킨 등이 자주 없어졌다. 예를 들어
선술집 주인이 지하실에서 와인을 가져오려고 가게를 잠
깐 비울 때를 틈타 물건을 얼른 감추거나 달아나는 식이
었다. 선술집의 2층이 낮에는 공공장소, 밤에는 숙소로 쓰
여 누구나 출입할 수 있었던 것도 문제였다. 선술집 주인
이나 경영자도 손님을 상대로 절도 행위를 일삼았다. 선
술집에서뿐만 아니라 카페의 은으로 된 식기도 빈번하게
없어졌다.[7]

또한 손님이 다른 손님의 물건을 훔치는 일도 있었다.
훔치는 사람을 발각해 죽이는 사건도 있었다. 파리의 한
선술집에서 어떤 신사의 지갑이 없어졌다. 그 신사는 같
이 마신 병사들에게 그 사실을 말했다. 병사들은 서로 몸
을 샅샅이 검사했다. 그렇게 일일이 확인해가는데 신사 사
촌의 주머니에서 지갑이 나왔다. 명예가 더럽혀진 병사 한
명이 사촌에게 결투를 신청했다. 사촌은 선술집 밖에서 살
해되었다. 절도 혐의를 받기만 해도 명예가 손상되었던 것

이다.

전통 사회는 명예를 중시하는 사회였다. 말로 인신을 모독하는 것만으로도 경찰과 재판소에 고소하는 일이 자주 있었다. 18세기의 유럽은 사소한 일로 재판소를 찾아가는 사회였다.

파리에서 한 기술자가 일행과 술을 마시던 중에 동전을 잃어버렸다. 그는 일행에게 누구도 의심하지 않는다고 말했다. 그러나 일행은 그를 모독죄로 고발했다. 절도를 암시하는 것만으로도 명예를 더럽혔다는 이유였다. 친구나 지인 사이에서도 사소한 일로 고발이 빈번하게 일어났다. 동료끼리도 항상 불신감을 품고 있었다.

선술집을 나선 후 돌아가는 길에 습격을 받는 일도 많았다. 강도는 선술집에서 주머니가 두둑한 이를 물색했고, 취해서 비틀거리며 돌아가는 이를 습격해서 지갑을 빼앗았다고 한다. 이런 범죄는 파리에서만 일어난 일이 아니었다. 19세기 때 런던에서도 펍에서 술을 마신 뒤 돌아가는 길에 강도를 당한 경우가 많았다고 한다.[8]

선술집 매춘부도 손님의 돈이나 물건에 손을 댔다. 당시에 절도로 고발된 여성이 많았는데, 아마도 이들은 대부분 선술집의 매춘부였을 것이다. 그러나 절도는 폭력 범죄에 비하면 아주 적었다. 18세기 후반에 파리에서 발생한 폭력 범죄의 25퍼센트 이상이 선술집과 관련이 있었다. 게다가 18세기의 경찰 통계를 보면 하층민이 선술집에서 일으킨 범죄는 다른 범죄에 비해 상대적으로 발생 비율이 높았다는 것을 알 수 있다. 1873년부터 1902년까지 파리 재판소에 고소당한 피고의 약 54퍼센트가 공장 노동자였고, 36퍼센트가 미숙련 노동자였던 것에 비해, 부르주아는 약 6퍼센트, 화이트칼라는 약 4퍼센트였다.[9]

선술집은 음모의
거점인가

선술집은 종교를 비웃고, 정치를 풍자하는 공간이었다. 이
것이 혁명과 반란의 원인이 되기도 했다. 1565년에는 사
육제 때에 스위스 한 마을의 선술집에서 열여섯 명의 농민
이 모여 가톨릭 주교의 성채를 파괴했다.[10] 이 사건은 농민
의 종교개혁으로 이어졌다. 전술했던 대로 선술집이 독일
농민전쟁의 거점이 되었던 것이다.

18세기에는 파리 카페에 볼테르Voltaire, 루소Jean-Jacques
Rousseau, 디드로Denis Diderot 등의 계몽주의자가 모여 작
당을 했다. 1789년에는 변호사이자 저널리스트였던 까미
유 데물랭Camille Desmoulins이 '카페 드 푸아'에서 파리의
민중을 향해 혁명을 선동했다.[11]

19세기에 들어 파리의 선술집은 데모의 거점이 되기도
했다. 1830~1840년대에 베를린에서는 자유주의자, 공화
주의자, 작가, 저널리스트 등이 카페에 모여 정치 토론을
했다. 그들 중에는 카를 마르크스Karl Marx도 섞여 있었다.

오스트리아 빈의 1848년 혁명도 카페에서 시작되었다.
19세기 후반에 프랑스의 나폴레옹 3세재위 1852~1870는 선

그림47 카페 드 푸아 앞에서 연설하는 까미유 데물랭.

술집을 음모의 소굴로 여겨 감시를 강화했다.[12]

　이렇듯 선술집에서 권력 비판과 폭동, 혁명의 계기를 제
공했던 예는 상당히 많다. 그러나 그런 이유만으로 권력자
가 선술집을 진압했다는 기록은 거의 없다. 이와 관련해서
실제로 일어난 탄압은 나치 정권 때뿐이었다.

선술집과 여론 정치

권력기관이 선술집을 탄압하진 않았다 해도 선술집에서 벌어지는 권력 풍자와 비판에 신경을 쓴 것은 사실이다. 1728년에 독일 북부의 빌스터Wilster 시에 사는 페터 셰르 Peter Scheer는 선술집에서 시의 참사회參事會. 시민 자치를 위한 합의기관으로 당시 독일에서는 상당히 부패해 있었다-편집자 주를 성토했다. 그는 시의 명예를 더럽혔다는 이유로 고발당했다. 1732년에 크리스티앙 프리드리히 페터젠Christian Friedrich Petersen 도 선술집에서 빌스터 시의 참사회를 신랄하게 비판했다는 이유로 고발당했다. 1750년대에는 요한 크니크바인이란 인물이 참사회와 두 명의 시장을 비판했다는 이유로 여러 차례 기소당했다.

북부의 칼텐키르헨Kaltenkirchen 시에도 비슷한 사건이 있었는데, 당국의 불안이 적중했던 사례였다. 1795년에 그간 쌓인 불만이 큰 폭동으로 번졌다. 시 근교의 농민이 봉기했는데, 그들은 주로 하층 농민이었다. 18세기에 이르면 하층 농민이 급증해 선술집은 농민 봉기의 기점이 되었다. 결국에는 질서 회복을 이유로 군대가 투입되었다.[13]

여론 수렴의 공간

전혀 다른 견해도 있다. 선술집이 폭동의 계기가 된 적
이 극히 드물다는 견해이다. 18세기에 들어서면 도시 선
술집의 계층화가 이뤄진다. 하층 전용 선술집 옆에 중산
층이 모이는 선술집도 등장했다. 교장직을 퇴직한 슈마허
Schumacher는 1795년 빌스터 시의 선술집을 회고한 글을
남겼다. 그는 당시 수공업자, 중소 상인, 일반 관리 등이 한
주에 두 번씩 사교 모임을 가졌다고 밝혔다.

> 우리는 저녁을 먹고, 7시부터 밤 10시까지 모였다. 1
> 실링 혹은 1.5실링어치의 맥주를 마셨고, 선술집의 주
> 인이 무료로 담배를 제공했다. 담배는 탁자 위의 주석
> 통 안에 들어 있었다. … 오간 대화는 주로 정치적인
> 것보다는 … 오히려 마을에서 일어난 일을 화제로 삼
> 은 것이 많았다.[14]

그러나 이곳은 하층민의 선술집이 아니라 중산층의 선
술집이었다. 이 점을 간과해서는 안 될 것이다.

범죄와 음모의 분리

도시의 선술집에 비해 농촌의 선술집은 일상적인 평화가 이어졌다. 이곳은 평화롭게 주민들이 교류하는 장소였다. 지금은 더욱더 그렇다. 도박은 카지노 등의 공인 시설로 옮겨졌고, 선술집에서 폭력과 절도의 발생 빈도는 예전과 비교해 거의 사라졌다 해도 좋을 만큼 줄어들었다. 선술집이 정치적 음모의 거점이 될 일은 없을 것이다. 예를 들어 언제 정보가 새어나갈지 모르는 선술집에서 대놓고 테러를 계획하는 테러리스트는 없다. 또한 언론의 자유가 인정되는 국가라면 장소를 불문하고 권력 비판을 문제 삼지 않을 것이다.

닫는 글

농촌의 화폐경제와
선술집

유럽에서 고대를 제외한다면 선술집이 성립되었던 시기는 12세기경이고, 선술집이 증가했던 시기는 16세기 전후가 될 것이다. 16세기 이슬람권에서는 카페가, 중국에서는 다관이 선술집의 기능 중 일부를 이어받았다. 다만 카페와 다관은 도시 문화였다. 농촌에는 선술집, 카페, 다관이 발달하지 않았다. 일본의 선술집도 일찍부터 발달했고, 특히 에도시대에는 유럽에 필적할 정도로 번영했다. 그러나 에도 바쿠후는 화폐경제의 농촌 보급을 지연시켰다. 그래서 겨우 18세기 후반부터 농촌에 선술집이 등장했다. 기본적으로 상품경제의 발전이 미미했던 한국은 서울과 같은 대도시를 제외하고는 선술집이 거의 없었다.

19세기 이전의 유럽은 봉건제였다. 그런데도 왜 유럽 문명에서만 농촌에 화폐경제가 보급된 것일까? 화폐경제의 보급이란 단순히 농민이 도시의 시장에서 작물을 팔아 화폐를 얻거나 이 화폐로 도시에서 물건을 사는 정도가 아니라 농민끼리 마을 내에서 화폐로 거래하는 것을 뜻한다.

18세기 유럽의 화폐경제는 한층 더 발전해 소수의 부농과 많은 빈농 혹은 토지를 잃은 농민으로 양극화가 진행되었다. 그리하여 봉건제가 붕괴했다. 아마도 농촌으로 화폐경제가 보급되는 것을 막지 못했던 것은 크고 작은 권력으로 분산된 유럽에 절대 권력이 부재했기 때문일 것이다. 역사 지도를 보면 고대문명의 국가와 달리 당시의 유럽은 작은 나라로 쪼개져 있었다. 이는 지금도 마찬가지이다.

유럽 문명이 18세기에 이르러 여러 면에서 다른 문명을 압도했던 요인을 두 가지로 설명하는 연구자가 많다. 하나는 유럽이 수많은 나라로 갈라져 다른 문명권과 같이 정치적으로 통합되지 않았다는 것이다. 또 하나의 요인은 아시아의 황제와 같이 신성로마제국의 황제나 교황조차도 절대 권력을 가질 수 없었다는 점이다.

확실히 다른 문명권에는 강력한 권력이 큰 영토를 지배하는 제국이 많았지만, 유럽에는 절대왕권의 국가와 도시국가가 공존하고 있었다. 신성로마제국독일에서 제국 권력은 명칭뿐이었고 약 300명의 제후가 통치하는 국가와 자치도시가 난립해 있었다. 이탈리아도 마찬가지였다. 왕권이 강해 보이는 영국에서조차도 귀족으로 이루어진 의회의 승인 없이는 세금을 부과할 수 없었다. 유럽에서는 국왕이 있으나 마나 귀족과 교회가 영주가 되어 세금을 징수했다. 이렇게 권력이 분산되다 보니 상품경제의 진전을 막을 만한 힘이 부족했던 것이다.

유럽 문명권과 달리 비유럽 문명권에선 화폐경제의 보급을 막을 수 있는 강력한 중앙 권력이 존재해 있었다. 예를 들어 중국과 이슬람 황제, 일본의 에도 바쿠후 등이 그렇다. 황제와 쇼군將軍의 입김으로 상품과 화폐의 유통을 멈추게 했을 가능성이 크다. 예를 들어 에도 바쿠후는 화폐경제의 농촌 침투를 막는 법령을 자주 공포했다. 봉건제는 세금을 낼 농민이 어느 정도 균등하게 존재해야 유지되는 제도이다. 화폐경제가 침투해 농민의 양극화가 일어나면 무능력한 대량의 빈민을 낳게 된다. 이러면 세수가 줄어든다. 사실 에도 바쿠후도 화폐경제의 영향과 농민의 양극화 때문에 결국 멸망한 셈이다. 결국 유럽의 근대 문명이 비약적으로 발전한 이유는 이른 시기부터 농촌에 화폐경제가 침투했기 때문일 것이다.

천한 선술집과
무상 접대

고대 오리엔트·그리스·로마·비잔틴제국·이슬람권·인
도·중국·한국·일본 등의 문명권에서도 정도의 차이는
있지만, 선술집을 천박하거나 적어도 건전하지 못한 장
소로 인식하고 있었다. 그 이유는 손님에게 무상으로 접
대하는 것이 당연하다는 정신을 위반했기 때문이다. 그런
의미에서 무상 접대와 선술집 경시는 인류의 공통된 정신
이라 봐야 할 것이다.

유럽에서는 근대사회가 될 때까지 상류층이 밖에서 먹
고 마시는 일은 거의 없었다. 왕후와 귀족은 자택에서 연
회를 열고 예인과 매춘부를 불렀다. 그들이 밖에서 먹고
마시고 유흥을 즐기게 된 때는 18세기, 특히 봉건제가 붕
괴한 프랑스혁명 이후였다.

자택에서 손님을 무상 접대하는 정신은 오히려 비유럽
문명권의 많은 국가에 더 오래 남아 있었다. 이 또한 화폐
경제의 농촌 침투 시기와 관련이 있다.

선술집의 복합 기능

선술집이 단순히 식사, 음주, 숙박의 기능만 했던 것은 아
니다. 다양한 엔터테인먼트가 거기서 행해졌는데 도박, 예
능, 매춘은 다반사였다. 중요한 것은 선술집이 커뮤니티
센터였다는 점이다. 정보 교환, 비즈니스 모임, 직업 알선
을 비롯해 은행과 재판소의 기능도 갖추고 있었고, 권력
비판과 모의의 거점이 되기도 했다. 유럽에선 교회를 대신
해 축제와 관혼상제의 축연이 열리는 장소이기도 했다. 중
국의 다관도 어느 정도의 복합 기능을 지니고 있었지만,
이슬람의 카페나 일본의 이자카야는 엔터테인먼트와 매춘
정도가 다였다. 선술집의 복합 기능은 중세와 근세의 유럽
에서 가장 발달했다.

　사람들이 모여드는 장소에선 다양한 문화와 경제활동이
자연스럽게 교차한다. 유럽은 본래 교회가 그 기능을 담당
했지만, 세속성이 교회에서 떨어져나가 선술집이 이 기능
을 이어받았다. 그리고 교회는 순수하게 예배의 장소가 되
었다. 이에 비해 비유럽 문명권의 사원에서 세속성이 분리
된 것은 최근의 일이다. 예를 들어 유럽 선술집이 담당했

던 큰 역할 중의 하나가 관혼상제의 연회를 치르는 기능이
었다. 중국의 다관, 이슬람권의 카페, 일본의 이자카야에는
이러한 기능이 없었다. 이슬람권, 중국, 한국, 일본에서는
관혼상제의 연회가 자택이나 사원에서 치러졌다. 일본은
최근까지도 절의 본당에서 연회를 연다. 즉 비유럽 문명권
에서는 사원이 커뮤니티 센터의 기능을 유지했던 것이다.

기능 분리의 시대

프랑스혁명 이후 도시에서 선술집의 복합 기능은 서서히 쇠퇴해갔다. 확실히 19세기에는 도시에 새롭게 등장한 쇼 비즈니스로 선술집이 번영하는 듯했다. 그러나 이미 은행이나 재판소, 공공 회관의 기능을 잃어버린 뒤였다. 복합 기능의 쇠퇴는 공업화와 더불어 진행되었다. 예인은 극장, 무대, 서커스, 영화, TV 등으로 활동 장소를 옮겨 예술가나 대중예술인이 되었다. 도박은 카지노로, 매춘은 법적으로 인가된 시설로 옮겨졌다.

이러한 '공간과 시간의 분리'는 유럽 문명의 큰 특징 중의 하나이다. 이는 유럽 선술집의 역사를 통해서도 이해할 수 있다. 초기의 유럽 선술집은 난잡하게 어질러 있는 서랍 속과 같은 상태였다. 지금은 선술집이라는 서랍에 술만 들어 있다. 선술집이 단순히 술을 마시기만 하는 곳이 되면서 권력이 감시할 필요성도 희박해졌다.

근대 자본주의와 선술집

선술집의 역사를 12세기 이후의 유럽 문명권과 타 문명권을 비교해 살펴보면 유럽 문명의 특징이 선명하게 드러난다. 그것은 '화폐경제의 농촌 침투'와 '기능 분리'이다. 극단적으로 말하자면, '화폐경제의 농촌 침투'가 비유럽 문명권에서 20세기가 되어서야 벌어진 일인데, 유럽에선 12세기에서 16세기 사이에 일어난 셈이다. '기능 분리'는 성과 속의 분리였다. 즉 교회가 지녔던 세속적 기능이 선술집으로 옮겨가면서 기능 분리는 본격화됐다. 이렇게 해서 교회는 그 기능이 축소되어 갔다. 선술집의 여러 가지 기능도 19세기 이후에 서서히 분리되어 갔다. 비유럽 문명권에선 서구화 이전까지 기능 분리가 이뤄지지 않았다. 아무튼 사회 제 분야에서의 기능 분리는 유럽 문명이 세계를 제패한 큰 원인 중 하나가 되었다.

'화폐경제의 농촌 침투'는 근대 자본주의의 잉태에 직접적으로 공헌했다. '성과 속의 분리'는 평일에 열심히 일하고 일요일에 교회에 나가 정신의 안정을 구하거나 기분 전환을 꾀하는 패턴을 만들어냈다. 이러한 기능적인 패턴은 생산성을 향상시켰다. 군대도 강해졌다. 술을 마시면서 총과 대포를 쏘는 군대는 보통 패배한다. 이것은 하나의 예지만, 근대국가가 요구하는 기능 분리는 근대 자본주의에 적합한 것이었다. 이에 대한 구체적인 검토는 다음에 낼 책의 과제로 하고 싶다.

여는 글

1   下田 淳,《ドイツの民衆文化-祭り・巡礼・居酒屋》, 昭和堂.
2   《広辞苑》, 岩波書店.

제1장   고대 오리엔트・그리스・로마-선술집의 탄생기

1   中田 訳,《ハンムラビ '法典'》, pp31~32.
2   루피너스(Lupinus, Lupin): 지중해 연안과 남아프리카에 분포하는 콩과 식물로 고대에 식용이나 사료, 비누의 원료로 썼다고 한다.
3   Firebaugh, *The Inns of Greece and Rome*, pp4~6.
4   スタンデージ,《世界を変えた6つの飲み物》, p103.
5   湯浅,《文明の '血液'》, p18, pp53~54.
6   《ギリシア・ローマ世界地誌》II, pp569~570.
7   タキテゥス(泉井久之助訳),《ゲルマーニア》, p100.
8   パイヤ-,《異人歓待の歴史》, p11.
9   オ-ラ-,《巡礼の文化史》, p160.
10   春山,《ビ-ルの文化史1》, p35.
11   Firebaugh의 저작(*The inns of Greece and Rome*, p53) 등을 참고하면서 상상해보자.
12   《歴史》中, pp148~149.
13   《異人歓待の歴史》, pp14~15.
14   페트로니우스(Petronius): 고대 로마의 문인으로 네로의 총애를 받으며 집정관을 지냈다. 풍자소설《사티리콘(Satyricon)》은 현존하는 세계 최고(最古) 소설이다.
15   《サティリコン》, p298.

16 《プラトン全集10》, '法律', p123.

17 The Inns of Greece and Rome, p89, p92.

18 ヘルドトス(松平千秋訳), 《歴史》中, p246.

19 《食卓歓談集》, p18, p26, p106, p173 / プロータルコス(青木巌訳), 《英雄伝》, p69.

20 プラトン(久保勉訳), 《饗宴》, p56.

21 パイヤ-, 《異人歓待の歴史》, pp15~16 / アンジェラ, 《古代ローマ人の24時間》, p120, pp286~293.

22 鷲田, 〈ローマ期イタリアにおけるワイン産地ブランドの誕生〉, p30.

23 春山, 《ビールの文化史1》, pp226~228.

24 Elis, The Pompeian Bar, pp41~43.

25 本村, 《優雅でみだらなポンペイ》, 以下参照, p146.

26 バタワース(Alex Butterworth, 大山晶訳), 《ポンペイ》, p303.

27 アンジェラ, 《古代ローマ人の24時間》, p148.

28 ホラティウス, 鈴木一郎訳, 《ホラティウス 全集》, 書簡詩1, 14 / 田園礼讃 農村の管理人宛.

제2장 유럽의 중근세-선술집의 전성기

1 타베르나(Taverna): 이탈리어어로 대중식당을 뜻함.

2 드루-슈, 《ヨーロッパの歴史》, pp77~78 / May(eds.), Gasthäuser, pp15~16, p28.

3 호스피스(Hospice): 중세 유럽에서 순례자들이 건강상의 문제로 여행을 계속 해나가기 어려울 때 숙박과 간병을 제공하는 시설의 전반을 일컬음.

4 阿部, 《中世の星の下で》, pp212~214.

5 Gibbons, All beer and Skittles?, p5.

6 飯田, 《パブとビールのイギリス》, pp34~35, pp55~58.

7 佐藤清隆, 〈エリザベス朝・初期スチュアート朝の酒場の世界〉, pp82~85.

8 Kümin(ebs), The World of the Tavern, pp66~67.

9   *The world of the Tavern*, p47.

10   佐藤清隆,〈近世ロンドンの居酒屋に関する研究〉, p288 등.

11   春山,《ビールの文化史1》, pp235~237.

12   佐藤清隆,〈持ちつ持たれつ居酒屋の世界〉, p3.

13   佐藤清隆,〈持ちつ持たれつ居酒屋の世界〉, p4.

14   The World of the Tavern, p71.

15   佐藤清隆,〈エリザベス朝・初期スチュアート朝の酒場の世界〉, p64.

16   새뮤얼 피프스(Samuel Pepys, 1633~1703): 17세기에 활약했던 영국관료,
     왕정복고 후 해군 재건에 기여한 바가 있어 영국 해군의 아버지로 부른다.
     1660년에서 1669년까지 일기를 저술했다.

17   臼田昭訳,《サミュエル・ピープスの日記》二巻, p187.

18   《サミュエル・ピープスの日記》五巻, p31.

19   《サミュエル・ピープスの日記》六巻, p38.

20   臼田昭,《ピープスの秘められた日記》, pp96~107.

21   デフォー,《疫病流行記》, p95.

22   《疫病流行記》, p96.

23   《疫病流行記》, p100.

24   パイヤー,《異人歓待の歴史》, pp133~134.

25   パイヤー,《異人歓待の歴史》, p140.

26   ヌリッソン,《酒飲みの社会史》, p11.

27   ヌリッソン,《酒飲みの社会史》, pp100~101 / メルシエ,《十八世紀パ
     リ生活誌》下, pp47~85 / 喜安,《パリの聖月曜日》, p18 / Haine, *The
     World of the Paris Café*, p4.

28   Kümin, *Drinking Matters*, Plate XIII.

29   内藤道雄,《ワインという名のヨーロッパ》, pp168~172 / ヴィダル＝ナ
     ケ,《世界歴史地図》, pp120~121.

30   パイヤー,《異人歓待の歴史》, p113, p119.

31   ヌリッソン,《酒飲みの社会史》, pp12~13, p89.

32   メルシエ,《十八世紀パリ生活誌》下, pp64~65.

33   《十八世紀パリ生活誌》下, p70, pp78~80.

34 레콘키스타(Reconquista): 718~1492년에 그리스도교가 주도했던 국토회복운동.

35 関哲行,《スペイン巡礼史》, pp151~152.

36 バイヤ-,《異人歓待の歴史》, p361.

37 オ-ラ-(Norbert Ohler),《巡礼の文化史》, p198.

38 타키투스(Cornelius Tacitus, 55~120년경): 제정기 로마의 정치가, 역사학자.

39 タキトゥス,《ゲルマ-ニア》, pp108~109.

40 《十八世紀ドイツビ-ルの博物誌》, p38.

41 Handbuch der historischen Statten Deutschlands, Bayern, p668.

42 May(ebs.), Gasthäuser, pp168~169.

43 坂口,《世界の酒》, pp102~103.

44 Spring(ed.), Im Wirtshaus, pp73~74, p78.

45 田上,〈小氷期のワインづくり〉, p201.

46 Im Wirtshaus, p78.

47 Kümin(eds.), The World of the Tavern, p17, pp22~24, p42.

48 瀬原,《ドイツ中世農民史の研究》, pp318~319, p323.

49 阿部,《ドイツ中世後期の世界》, p416.

50 The World of the Tavern, p17.

51 バイヤ-,《異人歓待の歴史》, p298, p320.

52 Beck, Unterfinning, p257.

53 下田,〈18世紀ドイツある粉挽き屋の人間関係と村共同体〉,《ドイツの民衆文化》.

54 Sedlmeier, Geschichte der ehemaligen Hofmark Edelshausen, p42.

55 喜安朗,《パリの聖月曜日》.

56 The World of the Tavern, p25, p28, p31, p138, p142.

57 《異人歓待の歴史》, p122.

58 Kümin, Drinking Matter, p18.

59 ダンカ-(Uwe Danker),《盗賊の社会史》, p190.

60 큐민(Kümin)과 톨스토이편 *The world of the Tavern*에 수록된 미하엘 프랑 크의 논문과 베티나 캐메나(Bettina Kaemena)의 저작 참조.

61 *The world of the Tavern*, pp12~13.

62 Kaemena, *Studien zum Wirtshaus in der deutschen Literatur*, p24.

63 *Studien zum Wirtshaus in der deutschen Literatur*, p29.

64 *The World of the Tavern*, p12.

65 Kerntke, *Taverne und Markt*, pp14~16.

66 슐레지엔(Schlesien): 현재 폴란드 남서부와 체코 북동부 일대를 말하는데, 프로이센 왕국시대의 행정구역에 의하면 독일 동부의 일부 지역도 포함한 다. 풍부한 석탄과 광석으로 역사상 문제가 되었던 지역이다.

67 阿部,《ドイツ中世後期の世界》, pp179~182.

68 《ドイツ中世後期の世界》, p182.

69 *The World of the Tavern*, p191.

70 크바스(KBAC): 소량의 알코올과 탄산이 함유된 동유럽권의 전통적인 음료.

71 スミス(Robert Ernest Frederick Smith), クリスチャン(David Christian),《パ ンと塩》, 参照.

72 《パンと塩》, pp396~398, p408.

73 《パンと塩》, p422.

74 《パンと塩》, p419.

제3장 유럽의 근현대-선술집의 쇠퇴기

1 ユンガ,《カフェハウスの文化史》, p23 以下 / ティレ゠ドルマン(Claus Thiele Dohrmann),《ヨーロッパのカフェ文化》, p110, p125.

2 メルシエ,《十八世紀のパリ生活誌》下, p45.

3 압생트(Absinthe): 쑥, 살구씨, 회향, 아니스 등 향료로 만든 리큐어이다. 유 럽에서는 쑥의 약효로서 식전주나 위액 분비촉진제로 많이 사용되어 왔다.

4 Haine, *The world of the Paris Café*, P4.

5 May(eds.), *Gasthäuser*, p30. / 南直人,《ヨーロッパの舌はどう変わった か》, pp230~231.

6   メルシエ,《十八世紀のパリ生活誌》下, p63.

7   *Gasthäuser*, p44.

8   *Gasthäuser*, P46.

9   린데(Carl von Linde): 저온공학 발달에 공헌했던 독일 공학자. 1876년에 암모니아 냉각기의 특허를 얻었고, 1895년에 공기의 액화에 성공했다.

10   飯田,《パブとビールのイギリス》, 海野,《酒場の文化史》.

11   飯田,《パブとビールのイギリス》, pp182~183.

12   Kümin(eds.), *The World of the Tavern*, p74.

13   角山・川北編,《路地裏の大英帝国》, p243.

14   海野,《酒場の文化史》, pp168~169.

15   Haine, *The World of the Paris Café*, p2, p33.

16   中島,《悲しき酒場のある都市コロンバス》, p59.

17   *The World of the Paris Café*, p3 / ヌリッソン,《酒飲みの社会史》, p89.

18   *The world of the Paris Café*, pp3~4.

19   喜安朗,《パリの聖月曜日》, p209 이하.

20   《パリの聖月曜日》, p214.

21   《酒飲みの社会史》, pp134~135.

22   Haise, *Kaffee und Kaffeehaus*, p154.

23   ヌリッソン(Didier Nourrisson),《酒飲みの社会史》, pp99~100.

24   アビニャネジ(平野秀秋訳),《キャバレ-》上, p29 이하.

25   Jelavich, *Berlin Cabaret*, p36, pp39~46, p55 /《キャバレ-》上, p84, p106, p121.

26   *Berlin Cabaret*, p40, p46.

27   シェベラ,《ベルリンのカフェ》, p12.

28   May(eds.), *Gasthauser*, p193, p200.

29   岡本,〈アメリカ社会における酒場の盛衰〉, p64 이하.

30   〈アメリカ社会における酒場の盛衰〉, pp68~69, p73.

31   春山,《ビールの文化史1》, pp84~85.

32   ヌリッソン,《酒飲みの社会史》, p69.

33 《酒飲みの社会史》, p80.

34 岡本,〈アメリカ社会における酒場の盛衰〉, p80.

35 寺田,〈世紀転換期アメリカの飲酒と酒場〉, p138.

36 アードーズ,《大いなる酒場》, p130.

37 青木,〈アメリカの禁酒法下の酒場〉, p66.

38 飯田,《パブとビールのイギリス》, pp178~179.

39 ヌリッソン,《酒飲みの社会史》, p213, p223, pp251~252.

40 Roberts, *Drink, Temperance and the Working Class in Nineteenth century Germany*, p20, p24, p27.

41 春山,《ビールの文化史2》, pp291~292.

42 角山・川北,《路地裏の大英帝国》, p230.

43 飯田,《パブとビールのイギリス》, p182.

제4장 이슬람의 선술집

1 小笠原良治,〈西アジア−酒の賛美〉,(大東文化大学 国際関係学部 アジア研究所 編,《酒物語》, p124.

2 井筒俊彦訳,《コーラン》, p53.

3 井筒俊彦訳,《コーラン》, p168.

4 アブ−ヌワース(塙治夫編訳),《アラブ飲酒詩選》, pp49~52.

5 《アラブ飲酒詩選》, p44.

6 ハトクッス,《コーヒーとコーヒーハウス》, p96 이하, p234.

7 小林,《中東の近代化とイスラム教》, p104.

8 《コーヒーとコーヒーハウス》, p69.

9 《コーヒーとコーヒハウス》, p75.

10 小林,《中東の近代化とイスラム教》, アブ−ヌワース,《アラブ飲酒詩選》, 塙治夫の解説.

11 《中東の近代化とイスラム教》, p95.

12 《中東の近代化とイスラム教》, p96.

13　池田修,《アラビアン・ナイト(十四)》, p27, 색인 p4.

14　《アラブ飲酒詩選》, 解説, pp155~156 / 《中東の近代化とイスラム教》, p106 참조.

15　《アラブ飲酒詩選》, p63.

16　ハイヤーム, オマル(岡田恵美子訳), 《ルバーイヤート》, p64.

17　黒柳恒男訳, 《ハーフィズ詩集》, p11.

18　《ハーフィズ詩集》, p40.

19　佐藤正彰訳, 《千一夜物語(一)》, p51.

20　《アラブ飲酒詩選》, 解説 p156.

21　ユンガー, 《カフェハウスの文化史》, ハトックス, 《コーヒーとコーヒーハウス》, レイン, 《エジプト風俗誌》.

22　レイン, 《エジプト風俗誌》, pp216~221.

23　술탄: 원래는 터키인에 주어졌던 지배자의 호칭. 당시 카이로는 맘루크 (Mamluk)조 지배하에 있었음.

24　ユンガー, 《カフェハウスの文化史》, p11 이하 / ハトックス, 《コーヒーとコーヒーハウス》, p44 이하.

25　《コーヒーとコーヒーハウス》, p113.

26　ハトックス, 《コーヒーとコーヒーハウス》, p129.

27　《コーヒーとコーヒーハウス》, p144 이하.

28　大塚他, 《世界の食文化 アラブ》, p72, p89, p126, p222, p273, p283 / 鈴木, 《世界の食文化 トルコ》, pp226~232 / 木下, 《茶の伝播と変遷》, p13.

29　レイン, 《エジプト風俗誌》, p230, p243 등.

30　《コーヒーとコーヒーハウス》, p138.

31　斎藤, 〈一六~一七世紀アナトリア南東部のクルド系諸県におけるティマール制〉, 三沢, 〈スレイマン一世治世期の東アナトリア掌握過程〉, からの推論.

32　《エジプト風俗誌》, p67.

33　岩波文庫, 《マヌの法典》(田邊繁子訳) 第5章 p56.

34　岩波文庫, 《マヌの法典》第11章, p7.

35　岩波文庫,《マヌの法典》第11章, p55.

36　渡瀬,《マヌ法典》, p125, p157.

37　小磯,《世界の食文化 インド》, p101.

38　《酒物語》中 多田博一,〈インド-禁酒と増税のはざま〉, p122.

제5장　중국과 한국의 선술집

1　蔡毅,《君当に酔人をゆるすべし》, pp21~22.

2　三井,《人類進化の700万年》, p161.

3　カ-ティン,《異文化交易の世界史》, p106.

4　蔡毅,《君当に酔人をゆるすべし》, p13.

5　花井,〈日本酒の来た道〉, p250.

6　湯浅,《文明の血液》, pp94~97.

7　樺山紘一,《歴史学辞典2》(弘文堂)中,〈飲食店〉.

8　《文明の血液》, p18.

9　蔡毅,《君当に酔人をゆるすべし》, p79.

10　《李白詩選》(松浦友久編訳, 岩波文庫), pp62~64, pp251~253.

11　《李白詩選》, p203.

12　《李白詩選》, p357.

13　《歴史学辞典2》(弘文堂)中,〈飲食店〉.

14　《君当に酔人をゆるすべし》, p66.

15　横山,〈王翰・その詞 涼州詞 考〉, pp41~42.

16　山田,《征戌文化の考察》, p23.

17　〈酒物語4〉, トホティ, p119.

18　〈はしがき〉,《中国の酒書》, pp12~14, pp107~108.

19　〈はしがき〉,《中国の酒書》, p4 /《君当に酔人をゆるすべし》, pp28~31.

20　蔡毅,《君当に酔人をゆるすべし》, pp66~68 /《歴史学辞典2》,〈飲食店〉.

21　草森,《酒を売る家》, p221.

22　蔡毅,《君当に酔人をゆるすべし》, p69.

23 《中国の酒書》, p98, p283.

24 宍戸,〈中国の茶館文化〉, pp69~75 / 長井,〈文学に見る 茶館〉, p51, p54.

25 宍戸,〈中国の茶館文化〉, p73, p75 / 鈴木,〈清末江浙の茶館について〉, pp531~536 / 竹内,《茶館》, p4 / 王,〈茶館 ・ 茶房 ・ 茶客〉, p118: 1909에서 1951년까지 다관의 수가 성도에 평균 500~700개 정도였다고 한다.

26 李紅梅,〈清代における福建省の貨幣使用実態〉.

27 《歴史学辞典2》,〈飲食店〉.

28 朝倉,《世界の食文化 韓国》, pp63~64, p171 / 鄭,《朝鮮半島の食と酒》, pp122~123, pp171~189 / 黄石尾,《韓国の食》, pp311~317.

29 鄭,《朝鮮半島の食と酒》, pp180~181 / 中村,《韓国の酒を飲んで韓国を知ろう》, p10 / 李,《韓国料理文化史》, p32 / 朝倉,《もの から見た朝鮮民俗文化》, p165.

30 《世界の食文化 韓国》, p112.

31 中村,《韓国の酒を飲んで韓国を知ろう》.

32 バード, イザベラ(朴尚得訳),《朝鮮奥地紀行(1)》, pp155~156.

33 朝倉,《もの から見た朝鮮民俗文化》, pp166.

34 鄭,〈朝鮮半島の飲酒文化〉, p278 / 朝倉,《もの から見た朝鮮民俗文化》, p167.

제6장 일본의 선술집

1 玉田編,《列島文化のはじまり》, pp122~125 / 松本,《列島創世記》, p160.

2 和歌森,《酒が語る日本史》, p35.

3 《古事記》, pp26~38 / 現代訳, pp221~223.

4 야마타노오로치(八俣の大蛇): 일본 건국신화에 등장하는 큰 뱀으로 머리와 꼬리가 각각 8개씩 달려 있다.

5 《古事記》, pp39~40 / 現代訳, pp224~225.

6 玉村豊男,《酒場の誕生》, p28.

7   《古事記》, pp137~138 / 現代訳, pp319~320.

8   여기서 和歌森太郎의《酒が語る日本史(술이 말해주는 일본사)》를 주요
    자료로 하고 다른 문헌도 참조하면서 시대 순으로 서술해 나가려고 한다.

9   도소우(土倉): 가마쿠라 시대와 무로마치 시대의 금융업체로 가마쿠라 후
    기부터 도소우를 운영하는 사카야(酒屋, 양조장)가 다수 출현하면서 도소우
    (금융업체)와 사카야(양조장)가 병칭되는 경우가 많았다.(例: 土倉醸造屋)

10 坂口,《日本の酒》, pp80~83, p208.

11 《続日本記3》, p74, p85.

12 倉本,《道鏡と居酒屋》, p20.

13 시라뵤시(白拍子): 헤이안 시대와 가마쿠라 시대에 가무를 선보였던 예능인
    을 말하며, 주로 남장의 유녀와 어린이가 많았지만 남성 시라뵤시도 있었다.

14 和歌森,《酒が語る日本史》, p31, pp53~54 /《日本の酒》, pp123~128.

15 《日本の歴史をよみなおす(全)》, pp314~319.

16 《酒が語る日本史》, pp120~121.

17 《吾妻鏡 吉川本》下巻, 〈鎌倉所々可禁制沽酒之由〉에서 〈沽酒〉는 술의
    판매를 의미한다.

18 五味,《武士と文士の中世史》, p236, p248, pp287~288.

19 《日本の歴史をよみなおす(全)》, p55.

20 倉本,《道鏡と居酒屋》, pp48~49.

21 도소우죠조야(土倉醸造屋): 도소우(土倉)는 가마쿠라 시대와 무로마치 시
    대의 금융업체이다. 가마쿠라 후기부터 도소우를 운영하는 양조장이 다수
    출현하면서 도소우죠조야와 같이 병칭되는 경우도 있었다.

22 《酒が語る日本史》, p150.

23 《道鏡と居酒屋》, p80.

24 라쿠이치(楽市): 특권 상인들의 동업 조합인 자(座)의 시장 독점을 막고,
    상공업자들의 자유로운 영업을 인정하고 상품 유통을 원활하게 하려는 정
    책이다. 오다 노부나가(織田信長)가 조카마치(城下町)를 번영시키고 상업
    을 통제하기 위해 펼친 정책으로 도요토미 히데요시(豊臣秀吉)도 계승해
    나갔다.

25 조카마치(城下町)는 영주가 거주하는 성을 중심으로 형성된 도시이고, 몬젠
    마치(門前町)는 유력한 신사와 사찰 앞에 발달한 시가이며, 問屋町(돈야마
    치)는 도매업, 운송업 관련업소 및 업자들이 모여 있는 공간이다.

26 《ヨ-ロッパ文化と日本文化》, 〈開題〉, p100.

27 ヌリッソン, 《酒飲みの社会史》, p109.

28 《江戸のファ-ストフ-ド》, 《江戸の食卓》, 《落語にみる江戸の酒文化》, 《お江戸の意外な商売事情》, 《酒場の誕生》등.

29 도카이도쥬히자쿠리게(東海道中膝栗毛): 에도에서 오사카까지의 도카이도(東海道)를 두 주인공이 여행하면서 저지르는 실패담과 우행을 회화체로 그린 여행담이다. 짓펜샤 잇쿠(十返舍一九)의 《도카이도 도보여행》은 호평을 받아 20년간에 걸쳐 속편이 거듭 간행되었다. 제목에서 '쿠리게(栗毛)'는 밤색 말을 가리키고, '히자쿠리게(膝栗毛)'는 말을 타는 대신에 두 발(무릎)로 도보여행을 한다는 의미이다.

30 《東海道中膝栗毛》上, p128.

31 마쿠노우치 벤또(幕の内弁当): 깨를 묻힌 주먹밥에 반찬을 곁들인 도시락. 본래 연극의 막간에 먹는 것으로서 고안되었다고 한다.

32 大久保, 《江戸のファ-ストフ-ド》, p 18, p164 / 《酒場の誕生》, p47, p.78.

33 立会(たちあい)는 맞붙어 싸운다는 뜻도 있다.

34 《酒場の誕生》, pp51~52.

35 게이안노후레가키(慶安の触書): 에도 시대의 제3대 장군 도쿠가와 이에야스 기(德川家米)에 해당하는 게이안(慶安) 2년(1649)에 농민들을 통제하기 위해 발령되었던 막법(幕法)의 문서.

36 《東海道中膝栗毛》上, 解説 p3.

37 《鹿沼市 歴史 資料編 近世》一卷, pp461~462, p622, p657, 二卷 p484 등.

38 《鹿沼市 歴史 資料編 近世一》, pp425~426.

39 《鹿沼市 歴史 資料編 近世一》, p695.

40 《酒場の誕生》, pp98~104, p137 / 《日本の酒》, p100.

제7장   교회와 선술집

1   バッハフィシャ-, 《中世ヨ-ロッパ放浪芸人の文化史》, pp165~166.

2   パイや-, 《異人歓待の歴史》, pp348~349.

3 春山, 《ビールの文化史1》, pp74~75.

4 Beck, *Unterfinning*, p256, p635.

5 下田, 《ドイツの民衆文化》.

6 飯田, 《パブとビールのイギリス》, p53.

7 ヌリッソン, 《酒飲みの社会史》, pp153~154.

8 ヌリッソン, 《酒飲みの社会史》, p107.

9 パイヤー, 《異人歓待の歴史》, p190.

10 臼田, 《イン-イギリスの宿屋のはなし》, pp10~24.

11 チョ-サー(桝井迪夫訳), 《カンタベリ-物語》上, pp55~56.

12 チョ-サー(桝井迪夫訳), 《カンタベリ-物語》上, p13, p55, p255, p283.

제8장 매춘과 선술집

1 ブーロー, 《売春の社会史》 / ヴァノイエク(橋口久子訳), 《図説 娼婦の歴史》.

2 《売春の社会史》上, p73, p112, pp114~116.

3 ヴァノイエク(橋口久子訳), 《図説 娼婦の歴史》, p26, p47.

4 〈法律〉, 《プラトン全集》九, p31.

5 《図説 娼婦の歴史》, pp77~79.

6 《図説 娼婦の歴史》, p56, pp196~197 / ブーロー, 《売春の社会史》上, p143, p145, pp148~149.

7 アンジェラ, 《古代ローマ人の24時間》, p23.

8 《古代ローマ人の24時間》, pp123~124.

9 《売春の社会史》上, pp277~280.

10 《売春の社会史》上, p306, ジャック ロシオ(Jacques Rossiaud), 《中世娼婦の社会史》pp14~15, ベルトラン, 《近世初期スペインの売春》, p37 / Jankrift, *Henker, Huren, Handelsherren*, pp160~161.

11 《売春の社会史》上, pp303~304.

12 《売春の社会史》上, p366 / ベルトラン, 《近世初期スペインの売春》, p36.

13 《売春の社会史》下, pp38~39.

14 コルバン,《娼婦》, p177, pp200~201.

15 ヌリッソン,《酒飲の社会史》, pp145~146.

16 《娼婦》, p203.

17 《酒飲の社会史》, p146.

18 水戸部,〈ドイツ・ヴィルヘルム時代の売買春撲滅闘争〉, p325~326.

19 《娼婦》, p468, pp472~473, p487 /《売春の社会史》下, p.316~317

제9장   예인과 선술집

1 Wiles, *A short History of Western Performance Space*, p27.

2 プロタルコス,《食卓歡談集》, 岩波書店.

3 クセノポン,《ソクラテスの弁明 ・ 饗宴》, 訳者解説, pp206~207.

4 판아테나이아 축제: 아테네에서 열리는 폴리스의 수호신 아테나에 바치는 제례로 4년에 한 번씩 열리는 대축제.

5 クセノポン,《ソクラテスの弁明 ・ 饗宴》, p49.

6 バッハフィッシャー,《中世放浪芸人の文化史》.

7 《中世放浪芸人の文化史》, pp35~36, pp193~194.

8 ブーロ-,《売春の社会史》下, p46.

9 류트: 발현악기의 일종으로 16세기경의 유럽에서 유행했던 고악기군의 총칭.

10 《中世放浪芸人の文化史》, p55.

11 《中世放浪芸人の文化史》, p65.

12 臼田,《イン-イギリス宿屋のはなし》, pp17~18.

13 S. ブラント(Sebastian Brant),《愚人の船》, 1494년.

14 ベーンケ,《放浪者の書》, pp44~47.

15 Wiles, *A Short History of Western Performance Space*, p151, p155, p159

16 *A Short History of Western Performance Space*, p159.

제10장 범죄와 음모의 선술집

1   佐藤, 〈近世イングランド都市の居酒屋政策〉, pp118~119.

2   Stradtarchiv Schrobenhausen, Schloßarchiv Sandizell.

3   Kümin, "Friede, Gewalt und öfentliche Raume. Grenzziehungen im alteuropäischen Wirtshaus", p135.

4   Brennan, Public Drinking and Popular Culture in Eighteenth-Century Paris, p20, pp24~32, pp35~36.

5   メルシエ, 《十八世紀パリ生活誌》下, p69.

6   Brennan, pp27~32.

7   《十八世紀パリ生活誌》下, p51~52.

8   角山, 《路地裏の大英帝国》, p235.

9   Haine, The World of the Paris Café, Table, 3.1, p69.

10 バイヤー, 《異人歓待の歴史》, p355.

11 ユンガー, 《カフェハウスの文化史》, p.80, Heise, Kaffe und Kaffeehaus, p.172

12 Kaffee und Kaffehaus, p.175f / The World of the Paris Café, p.11

13 Kümin(eds.), The World of the Tavern, p.18~19

14 The World of the Tavern, p.20

青木英夫,〈アメリカの禁酒法下の酒場〉,《風俗》, 二六~三, 1987年.

朝倉敏夫,《世界の食文化 韓國》, 農山漁村文化協會, 2005年.

朝倉敏夫編,《'もの'から見た朝鮮民族文化》, 新幹社, 2003年.

《五妻鏡 吉川本》下巻, 國書刊行會, 1923年.

アタリ, ジャック,《1492―西歌文明の世界支配》(齊藤 廣信譯), さくま芸文庫,
　　　2009年

ア-ド-ズ, リチャ-ド(平野秀秋譯),《大いなる酒場―ウエスタン文化史》, 晶文社,
　　　1984年.

アビニャネジ, リサ(菊谷匡祐譯),《キャバレ - ヨ-ロッパ世紀末の飲酒文化》上下,
　　　サントリ-博物館文庫, 1988年.

阿部謹也,〈Taberna et Forumについて―Lischkeとは何か〉,《社會経濟史學》
　　　三八―一, 1972年.

阿部謹也,《ドイツ中世後期の世界―ドイツ騎士道會史の研究》, 未來社, 1974
　　　年.

阿部謹也,《西洋中世の罪と罰―亡靈の社會史》, 弘文堂, 1989年.

阿部謹也,《中世の星の下で》, さくま文庫, 1986年.

阿部謹也,《中世を旅する人びと―ヨ-ロッパ庶民生活点描》, 平凡社, 1978年.

阿部謹也, (譯)《ティル・オイレンシュピ-ゲルの愉快ないたずら》, 岩波文庫,
　　　1990年.

網野 善彦,《日本歴史をよみなおす(全)》, さくま學芸文庫, 2005年.

荒井政治,《レジャ-の社會経濟史―イギリスの経験》, 東洋経濟新聞社, 1989
　　　年.

《アラビアン・ナイト》, 一四(池田修譯)東洋文庫四五五, 平凡社, 1986年.

アンジェラ, アルベルト(關口英子譯),《古代ロ-マ人の２４時間―よみがえる帝都
　　　ロ-マの民衆生活》, 河出書房新社, 2010年.

飯田操,《パブとビールのイギリス》, 平凡社, 2008年.

石田 友雄,《ユダヤ教史》, 山川出版社, 1980年.

石原孝哉・市川仁,《ロンドン・パブ物語》, 丸善ライブラリー, 1997年.

伊東俊太郎,《十二世紀ルネサンス》, 講談社學術文庫, 2006年(原本1993年).

井村多恵,〈シェイクスピア史劇と居酒屋〉,《Otsuma review》三一, 1998年.

岩切正介,《男たちの仕事場―近世ロンドンのコーヒー・ハウス》, 法政大學出版局, 2009年.

ヴァノイエク, ヴィオレーヌ(橋口久子譯),《図説 娼婦の歴史》, 原書房, 1997年.

ヴィタル=ナケ, ピエール編(樺山紘一監譯),《三省堂世界歴史地図》, 三省堂, 1995年.

臼田昭,《イン―イギリスの宿屋のはなし》, 講談社學術文庫, 2009年(原本1986年).

臼田昭,《ピープス氏の秘められた日記―17世紀イギリス紳士の生活》, 岩波新書, 1982年.

海野弘,《酒場の文化史》, 講談社學術文庫, 2009年(原本1983年).

《英語語源辭典》, 寺澤芳雄編, 研究社, 1997年.

王笛,〈茶館・茶房・茶客―清末民國期の中國内陸都市における公共空間と公共生活のミクロ的研究〉,《社會と文化》(東京大學)一九, 2004年.

大久保洋子,《江戸のファーストフード―町人の食卓, 將軍の食卓》, 講談社選書メチエ, 1998年.

大塚和夫,《世界の食文化 アラブ》, 農山漁村文化協會, 2007年.

尾形隆之介,《通續ギリシア神話》, 東京図書出版會, 2004年.

岡本勝,〈アメリカ社會における酒場の盛衰―ポストベラム期から全國禁酒法成立まで〉,《地球文化研究》(廣島大學 總合科學部紀要)二七, 2001年.

小澤卓也,《コーヒーのグローバル・ヒストリー―赤いダイヤか, 黒い惡魔か》, ミネルヴァ書房, 2010年.

オーラー, ノルベルト(井本晌二・藤代幸一譯),《巡礼の文化史》, 法政大學出版局, 2004年.

カーティン, フィリップ(田村愛理他譯),《異文化間交易の世界史》, NTT出版, 2002年.

鹿沼市史編纂委員會編,《鹿沼市史 資料編 近世編》(一・二卷), 2000〜2002

年.

樺山紘一(責任編集),《歷史學辭典 2 からだとくらし》, 弘文堂, 1994年.

川越修,《社會國家の生成—20世紀社會とナチズム》, 岩波書店, 2004年.

北原博・森貴史(共),《一八世紀ドイツビールの博物誌—完全なるビール釀造家》, 關西大學出版部, 2005年.

木下純平,〈喫茶の伝播と遷—イスタンブルを事例として〉,《史苑》(立教大學) 七一-二, 2011年.

喜安朗,《パリの聖月曜日—19世紀年騷亂の舞台裏》, 平凡社, 1982年.

草森紳一,《〈漢詩賞遊〉酒を賣る家》, 竹書房, 1996年.

クセノポン(船木英哲譯),《ソクラテスの弁明・饗宴》, 文芸社, 2006年.

那光史郎・杉村明(奈良本辰也編).《賣春の歷史—陰の日本史》, 日本書籍, 1980年.

倉本長治,《道鏡と居酒屋—エピソード商人史》, 人物往來社, 1967年.

來住正三,〈シェイクスピア劇の居酒屋〉,《明治大學経営學部人文科學編集》 三三, 1986年.

グロイル, ハインツ,《キャバレーの文化史》I (平井正・田辺秀樹)・II (岩淵達治他譯), ありな書房, 1983年, 1988年.

ゲーテ(相良守峰譯),《ファウスト》第一部, 岩波文庫, 1958年.

小泉武夫,《酒の話》, 講談社現代新書, 1982年.

小泉武夫,《酒に謎あり》, 日経ビジネス人文庫, 2004年.

小磯千尋・小磯學,《世界の食文化 インド》, 農山漁村文化協會, 2006年.

《國土地理院廣報》四五七, 2006年.

國立國語院編(三橋廣夫・趙完濟譯),《韓國伝統文化辭典—カラ-日本語版》, 敎育出版, 2006年.

小島道裕編,《史跡で讀む日本の歷史 7 戰國の時代》, 吉川弘文館, 2009年.

小森章夫,《コーヒー・ハウス—18世紀ロンドン, 都市の生活史》, 講談社學術文庫, 2000年.

小森元,《中東の近代化とイスラム》, アジア経濟研究所, 1961年.

五味文彦,《武士と文士の中世史》, 東京大學出版會, 1992年.

井筒俊彦)岩波文庫,《コーラン》, 上中下, 1957~1958年.

コルバン, アラン(杉村和子監譯),《娼婦》, 藤原書店, 1991年.

蔡毅,《君当に人を怨すべし—中國の酒文化》, 農山漁村文化協會, 2006年.

齋藤久美子,〈一六~一七世紀アナトリア南東部のクルド系諸縣におけるティ
　　マール制〉,《アジア・アフリカ言語文化研究》七八, 2009年.

齋藤美和子,〈中國の伝統的喫茶施設《茶館》がコミュニティ形成に果たす役
　　割の分析〉,《食生活科學・文化及び地球環境科學に關する研究助成研
　　究紀要》一四, 1998年.

坂口謹一郎,《世界の酒》, 岩波新書, 1957年.

坂口謹一郎,《日本の酒》, 岩波文庫, 2007年.

櫻井榮治,《室町人の精神》, 講談社, 2001年.

佐藤清隆,〈持ちつ持たれつ居酒屋の世界—近世イギリスのエールハウスと《互
　　助》・《慈善》・《もてなし》〉,《史海》四七, 2000年.

同〈近世イングランド都市の居酒屋政策—レスタ-市の場合〉,《駿台史學》一
　　〇〇, 1997年.

同〈エリザベス朝・初期スチュアート朝イングランドの酒場の世界〉,《駿台史學》
　　六五, 1985年.

同〈エリザベス朝・初期スチュアート朝イングランドの居酒屋政策—議會制定
　　法とその成立過程の檢討を中心に〉,《駿台史學》七四, 1988年.

同〈エリザベス朝・初期スチュアート朝イングランドの居酒屋政策—王權の行政
　　活動の檢討を中心に〉,《駿台史學》八一, 1991年.

同〈近世ロンドンの居酒屋に關する研究—エールハウス政策を中心として〉,《明
　　治大學人文科學研究所紀要》四六, 2000年.

同〈近世ロンドンの居酒屋に關する研究(續)—ミドルセックス州四季裁判所記
　　の分析から〉,《明治大學人文科學研究所紀要》五, 2002年.

同《イギリスの近代化と居酒屋の世界》, 平成一〇年度~一二年度文部省科
　　學研究費補助金基盤研究(c) (2), 研究成果報告書, 2001年.

臼田昭他譯,《サミュエル・ピープスの日記》全九卷, 國文社, 1987~2003年.

シェベラー, ユルゲン(和泉雅人・矢野久譯),《ベルリンのカフェ—黄金の一九二〇
　　年代》, 大修館書店, 2000年.

宍戸佳織,〈中國茶文化と茶館〉,《人間科學研究》,(早稻田大學) 補遺号一九,
　　2006年.

宍戸佳織,〈中國の茶館文化—北京の茶館と茶芸館〉,《ヒューマンサイエンスリ
　　サーチ》——, 2002年.

十返舎一九(麻生磯次校注),《東海道中膝栗毛》(上), 岩波書店, 1983年.

芝健介,《武裝新衛隊とジェノサイド—暴力裝置のメタモルフォーゼ》, 有志舎,
　　2008年.

柴宜弘,《図説バルカンの歷史》, 河出書房新社, 2001年.

下田淳,《ドイツの民衆文化—祭り・巡礼・居酒屋》, 昭和堂, 2009年.

下田淳,〈一八世紀ドイツある粉挽き屋の人間關係と村共同体〉,《宇都宮大學
　　教育學部紀要》五八, 2008年.

《週刊朝日百科世界の歷史94 居酒屋・旅籠・茶館》, 朝日新聞社, 1990年.

中村喬編譯,《中國の酒書》, 東洋文庫五二八, 平凡社, 1991年.

《小學館ランダムハウス英和大辭典》, 小學館, 1983年.

《續日本記》三, 直木幸次郎他譯注, 東洋文庫五二四, 平凡社, 1990年.

菅間誠之助,〈江戸の酒〉,《江戸文化の考古學》, 江戸遺跡研究論會, 吉川弘
　　文館, 2000年.

鈴木董,《世界の食文化 トルコ》, 農山漁村文化協會, 2003年.

鈴木智夫,〈清末江浙茶館について〉,《歷史における民衆と文化》, 國書刊行會,
　　1982年.

《スタンダード英語語源辭典》, 下宮忠雄他譯, 大修館書店, 1985年.

スタンデージ, トム,《世界を変えた６つの飲み物—ビール, ワイン, 蒸留酒, コーヒー,
　　紅茶, コーラーが語るもうひとつの歷史》, 合同出版, 2007年.

ストラボン(飯尾都人役),《ギリシア・ローマ世界地誌》Ⅱ, 龍渓書舎, 1994年.

スミス, R・E・F / クリスチャン, D(鈴木健夫他),《パンと塩—ロシア食生活の社會
　　経史》, 平凡濟社, 1999年.

スールニア, ジャン＝シャルル(星野徹・江島宏隆譯),《アルコール中毒の歷史》, 法政
　　大學出版局, 1996年.

《聖書(旧約)》新改譯, 日本聖書刊行會, 1990年.

關哲行,《スペイン巡礼史—〈地の果ての聖地〉を辿る》, 講談社現代新書, 2006
　　年.

宋詩卷/顧廷龍主編,《石湖集補鈔十一》, 詩歌總集叢刊, 日文硏, 1988年.

瀬原養生,《ドイツ中世農史の研究》, 未來社, 1988年.

《千一夜物語》(一～四卷, 世界古典文全集)(佐藤正彰譯), 筑摩書房, 1964～1970
　　年.

《曾根ひろみ 娼婦と近世社會》, 吉川弘文館, 2003年.

ゾラ, エミール(古賀照一譯), 《居酒屋》, 新潮文庫, 1970年.

大東文化大學國際係學部アジア研究所編, 〈酒物語1 - 6〉, 《Asia21》二, 1992
　　年.

高橋愼一朗編, 《史跡でむ讀日本の歴史6 鎌倉の世界》, 吉川弘文館, 2010年.

高畑常信, 〈中國の茶館と飲茶〉, 《東京學芸大學紀要》第二部門, 人文科學,
　　五二, 2001年.

田上善夫, 〈小氷期のワインづくり〉, 《歴史と氣候》(吉野·安田編), 朝倉書店,
　　2008年.

タキテゥス(泉井久之助譯注), 《ゲルマ-ニア》, 岩波文庫, 1979年.

竹内實, 《茶館―中國の風土と世界像》, 大修館書店, 1974年.

武田祐吉譯, 《新訂古事記》, 角川文庫, 1977年.

田辺純夫, 〈《居酒屋》の資料としての《ル·シュブリーム》〉, 《フランス研究》二四,
　　1990年.

旅の文化研究所(編), 《落語にみる江戸の酒文化》, 河出書房新社, 1998年.

玉田芳英(編), 《史跡で讀む日本の歴史 1 列島文化のはじまり》, 吉川弘文館,
　　2009年.

玉村豊男·TaKaRa酒生活文化研究所(編), 《酒場の誕生》TaKaRa酒生活文化
　　研究所, 1998年.

ダンカ-, ウ-ヴェ(藤川芳朗譯), 《盗賊の社會史》, 法政大學出版局, 2005年.

丹治道彦, 〈《ファウスト第一部》における喜劇的なものについて―《ライプツィヒ
　　のアウア-バッハの地下酒場》の場面を中心に〉, 《文化》六二一·二, 1998
　　年.

チョ-サ-(桝井迪夫 譯), 《完譯 カンタベリ-物語》(上), 岩波文庫, 1995年.

鄭大聲, 《朝鮮半島の食と酒―儒教文化が育んだ民族の伝統》, 中公新書,
　　1998年.

鄭大聲(石尾直道編), 〈朝鮮半島の酒文化〉, 《論集 酒と飲酒の文化》平凡社,
　　1998年.

角山榮·川北稔編《路地裏の大英帝國―イギリス都市生活史》, 平凡社,

1982年.

ティーレ＝ドールマン, クラウス(平田達治・友田和秀譯), 《ヨーロッパのカフェ文化》, 大修館書店, 2000年.

デフォー, ダニエル(山下幸夫・天川潤次郎譯), 《イギリス経済の構図》東京大學出版會, 1975年.

デフォー, ダニエル(泉谷治役), 《疫病流行記》, 現代思潮社古典文庫, 1967年.

寺田由美, 〈世紀轉換期アメリカの飲酒と酒場〉, 《史學研究》(廣島大學) 一九九, 1993年.

ドルーシュ, フレデリック編(木村尚三郎監修, 花上克己役), 《ヨーロッパの歴史―歐州共通教科書》第2版, 東京書籍, 1998年.

トロワイヤ, アンリ(福住誠譯), 《帝政末期のロシア》, 新讀書社, 2000年.

内藤道雄, 《ワインという名のヨーロッパ》, 八坂書房, 2010年.

長井裕子, 〈文學に見る, 《茶館》―清末民初の情報基地〉, 《言語文化部研究報告叢書》(北海道大學)三四, 1999年.

中江克己, 《お江戸の意外な商賣事情―リサイクル業からファストフードまで》, PHP文庫, 2007年.

中島時哉, 〈悲しき酒場のある都市コロンバス〉, 《法政大學教養部紀要》八五, 1993年.

中田一郎, (譯)《ハンムラビ〈法典〉》, リトン, 1999年.

中村欽哉, 〈韓國の酒をんで韓國を知ろう〉, 柘植書房新社, 2004年.

成瀬晃司(江戸遺跡究會編), 〈江戸における日本酒流通と飲酒習慣の変遷〉, 《江戸文化の考古學》, 吉川弘文館, 2000年.

日本福祉大學知多半島總合研究所・博物館〈酢の里〉共編者, 《酒と酢―都市から農村まで》, 中央公論社, 1998年.

ヌリッソン, ディディエ(柴田直子他譯), 《酒飲みの社會史―19世紀フランスにおけるアル中とある中防止運動》, ユニテ, 1996年.

ヌワース, アブー(堀治夫編譯), 《アラブ飲酒詩選》, 岩波文庫, 1988年.

パイヤー, H・C(岩井隆夫譯), 《異人歡待の歴史―中世ヨーロッパにおける客人厚遇, 居酒屋そして宿屋》, ハーベスト社, 1997年.

ハイヤーム, オマル(岡田恵美子編譯), 《ルバーイヤート》, 平凡社, 2009年.

バタワース, アレックス・ローレンス, レイ(大山晶譯), 《ポンペイ―今も息づく古代

都市》,中央公論新社, 2009年.

バッハフィッシャー, マルギット(森貴史・北原博・濱中春譯),《中世ヨーロッパ放浪
芸人の文化史—しいたげられし樂師たち》,明石書店, 2006年.

バード, イサベラ(朴尚得譯),《朝鮮奥地紀行》一, 東洋文庫五七二, 平凡社,
1993年.

ハトックス, ラルフ・S(齋藤富美子・田村愛理譯),《コーヒーとコーヒーハウス—中世
中東における社交飲料の起源》,同文舘出版, 1993年.

花井四郎,〈日本酒の來た道〉,《論集 酒と飲酒の文化》(石尾直道編), 平凡社,
1998年.

《ハーフィズ詩集》(黑柳恒男譯)東洋文庫二九九, 平凡社, 1976年.

林俊夫,《スキタイと匈奴 遊牧の文明》(興亡の世界史二), 講談社, 2007年.

春山行夫,《ビールの文化史》(全二卷, 春山行夫の博物誌六), 平凡社, 1990年.

平井正,《ベルリン 1918-1922》全三卷, せりか書房, 1980~1982年.

平田達治,《ウェーンのカフェ》, 大修館書店, 1996年.

蛭川久康,《トマス・クックの肖像—社會改良と近代ツーリズムの父》, 丸善,
1998年.

黃慧性・石尾直道,《韓國の食》(新版), 平凡社ライブラリー, 2005年.

プラトン(久保勉譯),《饗宴》, 岩波文庫, 2011年.

《プラトン全集》九, 一〇, 山本光雄編集, 角川書店, 1975年.

プルータルコス(青木巖譯),《英雄傳》第一卷, 生活社, 1947年.

プルタルコス(柳沼重剛編譯),《食卓歡談集》, 岩波文庫, 1987年.

ブーロー, バーン&ボニー(香川貪增他譯),《賣春の社會史》上下, さくま學芸文庫,
1996年.

フロイス, ルイス(岡田章雄譯注),《ヨーロッパ文化と日本文化》, 岩波文庫, 1991
年.

ペトロニウス(國原吉之助譯),《サティリコン—古代ローマの諷刺小說》, 岩波文
庫, 1991年.

ベルトラン, アリア・テレサ・ロペス(芝修身・芝紘子譯),《近世初期スペインの賣
春》, 晃洋書房, 1989年.

ヘロドトス(松平千秋譯),《歷史》上中下, 岩波文庫, 1971~1972年.

ベーンケ, ハイナー/ヨハンスマイアー, ロルフ編(永野藤夫譯),《放浪者の書—博打う

ち, 娼婦, ペテン師》, 平凡社, 1989年.

鈴木一郎譯,《ホラティウス全集》, 玉川大學出版部, 2001年.

本城靖久,《トマス・クックの旅—近代ツーリズムの誕生》, 講談社現代新書, 1996年.

松本武彦,《列島創世記》(日本の歴史一), 小學館, 2007年.

田邊繁子譯,《マヌの法典》, 岩波文庫, 1953年.

三澤伸生,〈スレイマン1世治世期の東アナトリア掌握過程〉,《東洋史研究》 六八, 2010年.

三谷一馬,《江戸商賣図繪》, 中公文庫, 1995年.

三井誠,《人類進化の700万年—書き換えられる〈ヒトの起源〉》, 講談社現代新 書, 2005年.

水戸部由枝,〈ドイツ・ヴィルヘルム時代の賣買春撲滅闘爭〉,《政經論叢(明治 大學)》七七 - 三〜四, 2009年.

南直人,《ヨーロッパの舌はどう変わったか—十九世紀食卓革命》, 講談社選書メ チエ, 1998年.

宮崎正勝,《知っておきたい〈酒〉の世界史》, 角川文庫, 2007年.

ミュシャンブレッド, ロベール(石井洋二郎譯),《近代人の誕生—フランス民衆社會 と習俗の文明化》, 筑摩書房, 1992年.

メルシエ(原宏編譯),《十八世紀パリ生活誌—タブロー・ド・パリ》下, 岩波文庫, 1989年.

本村凌二,《優雅でみだらなポンペイ—古代ローマ人とグラフィティの世界》, 講談 社, 2004年.

山田勝久,〈征戌文學の考察—王翰の涼州詞の系譜について〉,《釧路論集》一, 1978年.

山本紀夫(編者),《補 酒づくりの民族誌—世界の秘酒・珍酒》, 八坂書房, 2008 年.

湯淺赳男,《文明の〈血液〉—貨幣から見た世界史》(増補新版), 新評論, 1998年.

ユンガー, ヴォルフガング(小川悟譯),《カフェハウスの文化史》, 關西大學出版部, 1991年.

横山永三,〈王翰・その詞〈涼州詞〉考〉,《九州産業大學教養部紀要》三 - 一, 1993年.

吉野正敏·安田喜憲(編),《歷史と氣候》(新裝版)(講座〈文明と環境〉六), 朝倉書店, 2008年.

李紅梅,〈清代における福建省の貨幣使用實態―土地券類を中心として〉,《松山大學論集》一八 - 三, 2006年.

李盛雨(鄭大聲·佐々木直子譯),《韓國料理文化史》, 平凡社, 1999年.

松浦友久編譯,《李白詩選》, 岩波文庫, 1997年.

劉淶光,《中國茶のたしなみ―あなたを潤すれ家北京の中國茶館》, ぴあ, 2008年.

ルコフスキ, イェジ / ザヴァツキ, フベルト(河野肇譯),《ポーランドの歷史》, 創土社, 2007年.

レイン, ウイリアム(大場正史譯),《エジプト風俗誌―古代と近代の奇妙な混淆》, 桃源社, 1977年.

歷史の謎を探る(編),《江戶の食卓―庶民からお殿樣まで》, 河出書房新社, 2007年.

ロシオ, ジャック(阿部謹也·土浪博譯),《中國娼婦の社會史》筑摩書房, 1992年.

和歌森太郎,《酒が語る日本史》, 河出文庫, 1987年(原本は1971年).

鷲田睦朗,〈ローマ期イタリアにおけるワイン産地ブランドの誕生〉,《古代文化》五七 - 九, 2008年.

渡瀨信之,《マヌ法典―ヒンドゥ-敎世界の原型》, 中公新書, 1990年.

Beck, Rainer, *Unterfinning. Ländliche Welt vor Anbruch der Moderne*. München, 1993.

Beck, Rainer, *Dörfliche Gesellschaft im alten Bayern 1500-1800*. München, 1992.

Brennan, Thomas, *Public Drinking and Popular Culture in Eighteenth-Century Paris*. Princeton University Press, Princeton, New Jersey, 1988.

Die Religion in Geschichte und Gegenwart(RGG).7Bde.,Tübingen, 1986.

Dürr, Renate und Gerd Schwerhoff(Hg.), *Kirchen märkte und Tavernen. Erfahrungs- und Handlungsräume in der Frühen Neuzeit*. Vittorio Klostermann, Frankfurt a.M.,2005.

Ellis, Steven J.R., "The Pompeian Bar: archaeology and the role of food and drink outlets in an ancient community," in: Food and History. 2-1(2004).

Firebaugh, W.C., *The inns of Greece and Rome*. Chicago, 1923.

Fischer, Anke, *Feste und Bräuche in Deutschland*. München, 2004.

Förg, Nicola, München. Peter Rump, Bielefeld, 2007.

Gibbons, Ed, *All beer and Skittles? A Short History of Inns and Taverns*. National Trust, London, 2001.

Haine, W.Scott, *The World of the Paris café*. Johns Hopkins University Press, Baltimore, London, 1996.

Handbuch der Historischen stätten Deutschlands. Bayern. Hg.v.Dr. Karl Bosl, 3.Aufl., Alfred Kräner Verlag, Stuttgart, 1981.

Heise, Ulla, *Kaffee und Kaffeehaus*. Hildesheim u.a., 1987.

Jankrift, Kay Peter, *Henker, Huren, Handelsherren. Alltag in einer mittelalterlichen Stadt*. Klett-Cotta, Stuttgart, 2008.

Jelavich, Peter, *Berlin Cabaret*. Harvard University Press, London, 1993.

Kaemena, Bettina, *Studien zum Wirtshaus in der deutschen Literatur*. Peter Lang, Frankfurt a.M.u.a., 1999.

Kerntke, Wilfried, *Taverne und Markt*. Peter Lang, Frankfurt a.M. u.a., 1987.

Kobelt-Groch, Marion, "Unter Zechern, Spielern und Häschern. Täufer im Wirtshaus," in: N.Fischer und M.Kobelt-Groch(eds.), Außenseiter zwischen Mittelalter und Neuzeit. Leiden u.a., 1997.

Kümin, Beat, *Drinking Matters. Public Houses and Social Exchange in Early*

Modern Central Europe. Palgrave Macmillan, New York, 2007.

Kümin, Beat/B.Ann Tlusty (eds.), *The World of the Tavern. Public Houses in Early Mordern Europe*. Ashgate, Burlington, 2002.

Kümin, Beat, "Friede, Gewalt und Öffentliche Räume. Grenzziehungen im alteuropäischen Wirshaus,' in: *Gewalt in der Frhen Neuzeit*. Duncher & Homblot, Berlin, 2005.

May, Herbert/Andrea Schilz (Hg.), *Gasthäuser. Geschichte und Kultur*. Michael Imhof, Petersberg, 2004.

Riepl, Reinhard, *Wörterbuch zur Familien-und Heimatforschung in Bayern und Österreich*. Kohlbauer, Oberbergkirchen, 2004

Roberts, James S., *Drink, Temperance and the Working Class in Nineteenth-Century Germany*. George Allen & Unwin, London, Sydney, 1984.

Schneider, Norbert, *Geschichte der Genremalerei*. Dietrich Reimer Verlag, Frankfurt a.M., 2004.

Sedlmeier, Martin, *Geschichte der ehemaligen Hofmark Edelshausen*. Klaus Hupfauf, Edelshausen, 2005.

Senelick, Laurence, *Cabaret Performance. Europe 1890-1920*. PAJ Publications, New York, 1989.

Spring, U./W.Kos/W.Freitag (Hg.), *Im Wirtshaus. Eine Geschichte der Weiner Geselligkeit*. Wien Museum Czernin, Wein, 2007.

Wiles, David, *A Short History of Western Performance Space*. Cambridge University Press, New York, 2003.